ANNALES
DU MUSÉE GUIMET
BIBLIOTHÈQUE DE VULGARISATION
TOME TRENTE-CINQUIÈME
CONFÉRENCES
FAITES
AU MUSÉE GUIMET
PAR
MM. E. GUIMET,
H. CORDIER, S. REINACH,
Mlle D. MENANT,
R. PICHON, von LE COQ.
PARIS
ERNEST LEROUX, ÉDITEUR
28, RUE BONAPARTE, VIe
1910

ANNALES DU MUSÉE GUIMET

BIBLIOTHÈQUE DE VULGARISATION

TOME XXXV

CONFÉRENCES AU MUSÉE GUIMET

Chalon-s-Saône, Imprimerie française et orientale E. Bertrand

CONFÉRENCES

FAITES

AU MUSÉE GUIMET

PAR

MM. Émile GUIMET, Henri CORDIER, S. REINACH
Mlle D. MENANT
MM. René PICHON, von LE COQ

PARIS
ERNEST LEROUX, ÉDITEUR
28, rue Bonaparte (VIe)

1910

LUCIEN DE SAMOSATE

Philosophe

PAR

M. Émile GUIMET

Lucien de Samosate écrivait dans la seconde moitié du IIe siècle de notre ère. Il y avait alors un grand mouvement intellectuel ; la jeunesse courait aux écoles, elle alternait les exercices du corps avec les travaux de l'esprit, l'histoire, la littérature et la philosophie. La philosophie représentait, hélas, toute la science de cette époque, on lui attribuait une valeur sérieuse ; elle était en grande vénération, d'autant plus qu'on n'y comprenait rien du tout.

Tout professeur se mettait une étiquette de secte philosophique. Chacun expliquait le monde de façon différente mais prouvait facilement que seul, il avait raison. Ces contradictions, ces concurrences donnaient de l'entrain aux études et on s'y appliquait avec d'autant plus d'ardeur qu'on avait de côté et d'autre la certitude d'être dans le chemin de la vérité.

Depuis longtemps les conceptions indiennes, mères de toutes les sectes, avaient peu à peu pénétré en Grèce arrivant par plusieurs chemins. En premier lieu, ce fut Pythagore qui rapporta de l'Inde le système brahamanique de la métempsychose et fonda au sud de l'Italie un couvent djaïna. Puis Aristote renseigné par Alexandre connut de l'Asie, les animaux et les plantes qu'il décrivit dans son livre sur l'histoire naturelle, s'empara de la doctrine Nyaya surnommée école logique de Gotama; il lui prit ses moyens de déduction, ses exemples, ses croyances et ses conclusions pratiques. Enfin Pyrrhon traversa les mers pour aller s'inspirer avec son compagnon Anaxarque du pessimisme brahamanique et rapporter les idées de l'école Paouranika qui déclare que tout n'est qu'illusion et propose la science du doute.

Mais les grands courants d'abstraction, de quintessence, comme dirait Rabelais, de dialectique transcendantale, d'utopies ingénieuses vinrent par Alexandrie, la ville où l'on a le plus rêvé, contemplé, cru et discuté.

Déjà sous les Psamétik les jeunes Grecs comme Platon allaient se renseigner chez les prêtres d'Amon. Puis les Ptolémée en créant leurs immenses bibliothèques où l'on accumulait les ouvrages chinois, sanscrits, persans, hébreux, les tablettes cunéiformes, les papyrus égyptiens et grecs, où l'on faisait venir des prêtres de tous les pays pour expliquer leurs bibles, avaient de toutes pièces fondé la science des religions.

Les conceptions philosophiques, un peu déformées, mais reconnaissables quand même, se répandirent de là et firent école sous d'autres noms. L'on vit alors les athéistes Sankya qui poussaient jusqu'au fanatisme le mépris de la douleur, devenir des stoïciens ; les atomistes disciples de Canadi devinrent les initiateurs de l'atomiste Démocrite et ainsi des autres.

A côté des philosophies, se pressaient les croyances nouvelles. Mithra, les dieux phéniciens, Cybèle, la Diane d'Ephèse, l'Isis d'Abydos épurée par les prêtresses d'Athènes et de Rome, presque chrétienne, le dieu des Juifs, enfin devenu père du Christ, tous demandaient leur place dans les temples. Un ferment de croyance agitait les esprits ; sur ce bouillonnement d'idées les dogmes surnageaient; les âmes étaient remuées, attentives.

Les Empereurs se faisaient philosophes ou Isiaques, cherchaient quelque chose pour remplacer la mythologie décrépite, affaissée, désagrégée, et pourtant, par politique, défendaient les divinités amoindries et oubliées, faisaient des lois sur la majesté, la saintété du gouvernement ; au besoin se faisaient dieux eux-mêmes, pensant qu'en se divinisant, ils consolidaient, ils étayaient l'Olympe effondré.

Lucien eut le courage de dire ce qu'il pensait de toutes ces choses, il déclara les dieux ridicules, les philosophes comiques, insulta les uns, bafoua les autres. Il se trouva que tout le monde était de son avis ; Lucien eut un succès considérable et, triomphant, aux applaudissements de tous, il éleva d'une main tranquille, un autel en l'honneur du sens commun.

Ses écrits sont élégants, alertes, pleins de verve ; la clarté de son esprit, la finesse de son ironie, font penser à nos écrivains du XVIIIe siècle ; on croirait lire des pages de Voltaire. Ses compositions sont courtes comme des articles de journaux et d'une allure tout à fait boulevardière ; si le *Figaro* publiait, sans prévenir, un de ses ouvrages, on le signerait Alfred Capus ou Zamacoïs.

Mais c'était surtout un conférencier de premier ordre ; il a beaucoup parlé, comme tous ses contemporains du reste, car à cette époque, on parlait énormément. On parlait au Forum, on parlait au Pnyx, à l'Aréopage, on parlait dans les marchés, devant les boutiques ; on parlait dans les bains, en marchant, en mangeant ; faut-il dire que dans les tribunaux les avocats, aussi, parlaient. Les plus bruyants étaient les professeurs et leurs élèves ; tout le long du jour ils parlaient dans les écoles et à la sortie des classes, les jeunes gens entamaient des discussions véhémentes, vociféraient les arguments ; dans les rues coulaient des flots d'éloquence. Au-dessus de chaque ville de la Grèce il y avait comme un bourdonnement d'abeille produit par les conversations. Mais le bavard le plus avantagé était à coup sûr le conférencier qui n'était ni interrompu, ni contredit et dominait un public nombreux et attentif. Ceci explique pourquoi Lucien fit des conférences.

Cette loquacité intempérante, Lucien l'a souvent décrite. Dans *le Maître de Rhétorique*, il donne aux débutants des instructions précieuses : « Quand il faudra parler et que les auditeurs vous proposeront un sujet, une matière à discours, ne vous laissez pas décourager si vous le trouvez difficile ; prenez hardiment la parole et affectez de dédaigner le sujet comme si l'on vous avait choisi un sujet digne d'un enfant. » On voit qu'on apprenait aux jeunes gens l'art de parler sans avoir rien à dire.

Lorsque le jeune Anacharsis vint à Athènes, il fut accosté par un de ses compatriotes qu'il ne reconnut pas tout de suite pour être un Scythe ; cet homme était vêtu à la grecque, avait des gestes élégants et distingués et il était fort bavard, ce qui prouvait, dit notre auteur, qu'il était devenu tout à fait Athénien.

Ayant à décrire une maison somptueuse qu'on venait de terminer, Lucien avant tout, se préoccupe de savoir si on pourra y donner des conférences. Il pense en effet que la beauté du cadre, la sonorité des salles neuves doivent contribuer au succès de l'orateur ; mais aussitôt il réfléchit que l'auditoire pourra être distrait par les merveilles qui l'entoure et que le conférencier, mal écouté, en sera pour ses frais de littérature. Il profite de cette entrée en matière pour faire du monument une description détaillée et ça lui donne le sujet d'une conférence qu'il a certainement faite pour inaugurer la maison d'un riche Romain.

C'est dans son *Eloge de Démosthène* que l'on constate son ardeur à parler. Il venait de composer une biographie du grand orateur et cherchait quelque victime à qui la raconter. Se présente à point nommé un de ses amis qui, de son côté, venait de terminer un *Eloge d'Homère* et, avant que Lucien ait pu ouvrir la bouche, l'ami s'écrie : « Que pouvez-vous bien dire sur Démosthène ? Vous commencez sans doute par ceci, vous continuez par cela, vous développez, vous racontez sa vie, vous racontez sa mort. » Il parle, il parle tant et si longtemps que, lorsqu'enfin il accorde la parole à Lucien, celui-ci lui déclare qu'il n'a plus rien à dire, que son ami a deviné tout son discours, et comme de son côté il devine parfaitement ce qu'on peut raconter sur Homère, il prend congé.

Lucien profita adroitement de cette soif d'éloquence, il fit des conférences dans tout le monde romain, il parcourut l'Italie, la Grèce et l'Asie Mineure, sa patrie. Il fit même sur la fin de sa vie, couvert de gloire et de richesse, une conférence dans sa ville natale à Samosate, conférence qui fut un triomphe. A cette époque, les conférenciers faisaient fortune.

Il ne craint pas de raconter ses succès, même en voulant paraître se critiquer lui-même. « Dernièrement, écrit-il dans *Zeuxis*, après avoir récité un discours, je retournais à ma demeure, lorsque plusieurs de ceux qui m'avaient entendu m'abordèrent avec politesse et d'un air qui témoignait leur admiration ; ils m'accompagnèrent assez longtemps, poussant des cris, se répandant en éloges au point de me faire rougir dans la crainte que ces éloges ne fussent point mérités. Mais ce qui excitait surtout leur enthousiasme, c'était la singularité de mes compositions et la nouveauté de ma manière d'écrire ; que cela est neuf ! quel tour original ! l'habile homme ! On n'a jamais fait entendre semblable langage. » Eh bien, je l'avouerai, ces louanges me firent beaucoup de peine. Quoi donc ! mes écrits n'ont d'autres agréments que leur singularité ? Et cet heureux choix d'expressions dont les écrivains anciens nous ont laissé le modèle, cette variété de pensée, cette finesse d'imagination, cette grâce attique, cette harmonie, l'art, enfin, qui résulte de toutes ces qualités manque-t-il donc à mes œuvres ? »

Evidemment il ne le croit pas, mais c'est surtout sur ces qualités qu'il aurait voulu des compliments plutôt que sur l'étrangeté de ses conceptions.

Dans le discours qu'il prononça devant ses concitoyens fiers de l'acclamer, il suppose qu'il a fait un songe et qu'il est emporté dans les airs sur un char attelé de chevaux ailés. « J'aperçus de l'orient à l'occident, les nations, les peuples, les villes, sur lesquels, nouveau Triptolème, je répandais comme une semaille. Je ne me souviens pas bien de ce que c'était, mais je me souviens que les hommes levaient les yeux au ciel, me comblaient de louanges et me bénissaient partout où je prenais mon vol. »

C'était une manière poétique de proclamer les services qu'il croyait avoir rendus en démasquant les erreurs philosophiques et les absurdités mythologiques. Et il finit ainsi : « Je ne vous ai raconté mon songe que pour diriger les jeunes gens vers le bien et vers l'amour de la science ; et surtout s'il en est à qui la pauvreté inspire de mauvais sentiments et qu'elle entraîne vers le mal en corrompant leur bon naturel, ceux-là, j'en suis sûr, se sentiront encouragés par mon récit, en considérant de quel point je me suis élancé vers une carrière glorieuse, épris de la science, sans craindre la pauvreté qui me pressait alors et quel enfin je suis revenu vers vous avec autant de gloire, pour ne rien dire davantage, qu'un sculpteur.

Il faut expliquer que ses parents avaient voulu faire de lui un artiste. A ce moment la sculpture rendait célèbre et donnait la fortune, mais il préféra la littérature. Toutefois il lui resta de son enfance un goût très vif pour la peinture et la sculpture et il ne manque aucune occasion de montrer qu'il est un délicat critique d'art.

Pour donner une idée de sa manière, je parlerai d'un tableau de Zeuxis qu'il décrit. L'original, envoyé à Rome, fit naufrage en route, mais Lucien en a vu la copie à Athènes. Le tableau représente une centauresse.

« La vive admiration, dit-il, dont m'a frappé ce chef-d'œuvre m'en facilitera beaucoup la description. Sur un épais gazon est représentée la centauresse, la partie chevaline de son corps est couchée à terre, les pieds étendus, sa partie supérieure, qui est toute féminine, est appuyée sur le coude ; ses pieds de-devant ne sont point allongés comme ceux d'un animal qui repose sur le flanc, mais l'une de ses jambes imitant le mouvement de cambrure d'une personne qui s'agenouille, a le sabot recourbé ; l'autre se dresse et s'accroche à terre, comme font les chevaux quand ils essayent de se relever. Toutes les autres beautés de ce tableau qui échappent en partie à l'œil d'un ignorant tel que moi ; je veux dire la correction exquise du dessin, l'heureuse combinaison des couleurs, les effets de saillie et d'ombre ménagés avec art, le rapport exact des parties avec l'ensemble, l'harmonie générale, je les laisse à louer aux fils de peintres qui ont mission de les comprendre. »

Cette feinte modestie ne l'empêche pas de donner sur toute la composition des détails si précis qu'un peintre moderne pourrait reconstituer le chef-d'œuvre.

Toutes les fois qu'il parle d'une statue, qu'elle soit de Phidias, ou de Praxitèle, on devine qu'il est ému, on sent qu'il frémit de joie et il nous fait partager son admiration.

Il a écrit sur la danse tout un traité qui nous fournit des renseignements très précieux. Je demande la permission d'en prendre quelques extraits qui montrent l'importance que les anciens attachaient à cet art.

Il explique d'abord que la danse rend les guerriers souples, agiles, courageux. « Les Lacédémoniens qui passent pour les plus vaillants des Grecs vont à la guerre au son de la flûte et marchent d'un pas réglé. Leurs jeunes gens n'apprennent pas moins à danser qu'à faire des armes. Lorsqu'ils ont fini de lutter avec les poignets et de se frapper les uns les autres, le combat se termine par une danse. Un joueur de flûte s'assied au milieu soufflant et marquant la mesure avec son pied, puis les jeunes gens, suivant par bandes, prennent en marchant toutes sortes d'attitudes, les unes guerrières, les autres dansantes et toutes chères à Bacchus et à Vénus.

» On en fait autant dans la danse appelée le Collier. C'est en effet une sorte de ballet commun aux garçons et aux filles qui dansent un par un, se tenant de manière à dessiner un collier. Le cercle commence par un garçon qui saute en jeune homme et comme il devra le faire plus tard à la guerre ; puis vient une jeune fille qui fait des pas modestes et montre comment les femmes doivent danser. Le Collier représente l'union de la force et de la modestie.

» Dans les mystères il y avait des danses sacrées et à Délos les sacrifices se célébraient avec de la danse et de la musique. Des jeunes gens se réunissaient ensemble ; les uns dansaient au son de la flûte et de la cithare et les plus habiles, séparés des autres, dansaient seuls aux chansons.

» L'ancienne fable du Protée égyptien ne me paraît pas autre chose que l'emblême d'un danseur habile dans la pantomime, qui avait l'art de s'assimiler à tout et de prendre ainsi toutes sortes de formes ; en sorte que, par la rapidité de ses mouvements, il imitait la fluidité de l'eau, la vivacité de la flamme, la férocité d'un lion, la colère d'un léopard, l'agitation d'un astre, en un mot, tout ce qu'il voulait.

» Après ces exemples, il est juste de mentionner la danse des Romains consacrée à Mars, le plus belliqueux de leurs dieux et exécutée par des prêtres les plus distingués, nommés Saliens, du nom de leur sacerdoce ; danse pleine de noblesse et de sainteté.

» Les Dionysiaques et les Bacchanales se passaient toutes en danses ; il y en avait trois genres principaux : le Cordax, le Scicinnis, et l'Eumélie, inventés tous trois par des Satyres qui leur avaient donné leur propre nom.

» Socrate qui aimait la danse ne la vit que lorsqu'elle commençait à naître, jamais il n'a connu cette beauté qu'elle a acquise depuis. S'il voyait à présent ceux qui l'ont amenée à sa perfection, je suis sûr qu'il abandonnerait tout le reste pour ne s'adonner qu'à ce spectacle et voudrait qu'on enseignât la danse aux enfants avant toute autre chose. »

C'est sous le règne d'Auguste que la danse a acquis sa perfection. Citant les anciennes danses, Lucien parle du genre phrygien « fait pour le vin, l'ivresse et la table et dansé souvent par des gens grossiers qui accompagnent leur pas violent et fatigant d'un chant lascif soutenu par une flûte ; il est encore en usage dans les campagnes.

» La danse n'est pas un de ces arts faciles, mais une sorte de complément de toutes les sciences, de la musique, du rythme, de la géométrie, de la philosophie, de la physique et de la morale. Elle peint les mœurs et les passions. Elle a encore beaucoup d'affinité avec la peinture et la sculpture dont elle paraît imiter les heureuses proportions et, à cet égard, elle ne le cède en rien à Phidias et à Apollon.

» Le fond de toute la danse est l'histoire antique.

» L'érudition du danseur n'a pas de bornes et son cerveau, comme une bibliothèque, doit contenir toutes les légendes et toutes les chronologies. » Evidemment il s'agit là de la pantomime. Lucien remplit des pages de tous les sujets que l'acteur peut raconter avec des gestes et, après avoir énuméré toutes les qualités que doit posséder un danseur, particulièrement la beauté, l'agilité, la force et l'élégance, il conclut que la danse est le plus beau des arts.

Pour continuer à parler de l'amour qu'il avait pour toutes les esthétiques, je citerai encore la description de la riche maison où il fit un discours : « Considérez, et la difficulté et ma hardiesse d'essayer, sans couleurs, sans pose et sans cadre, le dessin de tant d'images ; on ne peut faire qu'une légère esquisse au moyen du langage ».

Il raconte les sujets représentés dans les peintures : Persée et Andromède, Oreste et Pylade tuant Egisthe, Apollon regardant jouer le jeune Branchus, Vulcain poursuivant Minerve, Orion aveugle venant demander au Soleil de lui rendre la vue. Ulysse contrefaisant l'insensé, Médée jetant un regard terrible sur ses enfants qu'elle va immoler.

Les murailles de Pompéi nous ont rendu des répliques de ces compositions célèbres, les peintres modernes s'en sont inspirés et ont pu les reproduire grâce au récit de Lucien qui, en véritable artiste, décrit les attitudes, les expressions et les effets de couleur.

Lucien fit de brillantes excursions dans le domaine de la fantaisie. Son *Histoire véritable* est un chef-d'œuvre d'imagination et de plaisantes allusions. Il trouve qu'Hésiode, Homère et les poètes ont eu le tort de raconter des choses invraisemblables, avec un grand sérieux et ayant l'intention évidente de nous les faire croire ; il se reconnaît le droit, lui aussi, d'écrire des récits absurdes, mais il aura la conscience d'avertir le lecteur qu'il invente, qu'il présente uniquement les résultats de ses rêveries littéraires : « J'ai résolu, n'ayant rien de vrai à raconter, vu qu'il ne m'est arrivé aucune aventure digne d'intérêt, de me rabattre sur un mensonge beaucoup plus raisonnable que celui des autres ; car n'y aurait-il dans mon livre, pour toute vérité, que l'aveu de mon mensonge, il me semble que j'échapperais aux reproches adressés par moi aux autres narrateurs, en convenant que je ne dis pas un seul mot de vrai. Je vais donc raconter des faits qui ne me sont pas arrivés, des aventures que je n'ai jamais eues et que je ne tiens de personne ; j'y ajoute des choses qui n'existent nullement et qui ne peuvent pas être. Il faut donc que le lecteur n'en croie absolument rien. »

Ceci dit, il s'embarque pour l'Amérique ou du moins il y part avec cinquante jeunes gens de son âge et, dépassant les colonnes d'Hercule, il s'élance sur la vaste mer pour savoir quelle est la limite de l'Océan et quels sont les hommes qui en habitent le rivage opposé. C'est exactement le programme de Christophe Colomb.

Après quelques jours de navigation, ils rencontrèrent l'île du Vin où des vignes énormes font jaillir de leur tronc des sources de vin qui deviennent des fleuves, les poissons qu'on y pêche sentent l'alcool et, si on les mange, vous grisent. Il y a même des forêts de vignes-femmes, moitié arbre, moitié bacchante dont la beauté est enivrante.

L'auteur reconnaît là une colonie fondée par

Bacchus. Bacchus et Hercule ont été les grands explorateurs des temps héroïques. On a contesté leurs voyages, on les a traités de fable; Lucien semble tout heureux de prouver par sa découverte la vérité de ces récits ; il fixe un point d'Histoire.

« Nous reprenons la mer, écrit le narrateur, mais une bourrasque soudaine vient nous assaillir avec une telle violence qu'après avoir fait tournoyer notre vaisseau, elle le soulève en l'air à plus de trois mille stades et ne le laisse plus retomber sur la mer ; la force du vent engagé dans nos voiles, nous tient en suspens et nous emporte de telle sorte que nous naviguons en l'air pendant sept jours et sept nuits. Le huitième jour nous apercevons une espèce d'île brillante, de forme sphérique, éclairée d'une vive lumière : c'était la lune. »

Le pays est peuplé et bien cultivé, le roi se nomme Endymion, il parle grec ; ça c'est une chance. Il accueille fort bien les étrangers qui, la nuit venue, aperçoivent plusieurs îles voisines, les unes plus grandes, les autres plus petites, toutes couleur de feu ; au-dessus l'on voyait encore une autre terre avec des fleuves, des villes, des forêts, des mers, des montagnes.

On apprit aux voyageurs que c'était celle qu'ils avaient habitée.

Au moment où nos hommes débarquèrent dans la lune, le roi Endymion venait de déclarer la guerre à Phaéthon, roi du Soleil, pays également très peuplé, pour des questions de frontière et de sphère d'influence. Ces difficultés sont toujours irritantes et délicates à résoudre, même lorsqu'il s'agit de territoires aussi bien délimités que le Soleil et la Lune. Le roi de la Lune avait envoyé une colonie pour peupler l'Etoile du matin qui était inhabitée, aussitôt le roi du Soleil revendiqua cette planète à laquelle il ne pensait nullement avant la tentative d'Endymion. La guerre fut déclarée et Endymion était fort occupé à organiser son armée.

Comme il existe des relations suivies entre les habitants des diverses planètes, tout le monde y fait de l'aviation ; on utilise pour cela des oiseaux énormes : vautours, grues, autruches, fourmis, pucerons que l'on dresse à être chevauchés. On emploie aussi des légumes ailés. Endymion put créer, ainsi, de beaux régiments de cavalerie.

Quant à l'infanterie, voici : tout le monde sait l'influence de la lune sur la pousse des légumes ; il est naturel que sur cet astre les végétaux prennent des proportions anormalès ; avec une enveloppe de fève on fait un casque solide, les boucliers sont des champignons et les lances des asperges.

Pour faire évoluer les deux armées rivales, l'on tissa du soleil à la lune une belle toile d'araignée sur laquelle eut lieu la bataille que Lucien décrit en historien très au courant de la stratégie militaire.

Les Lunatiques sont vainqueurs et, pour perpétuer la mémoire de leur action d'éclat, ils élèvent deux trophées avec inscriptions, l'un sur la toile d'araignée, l'autre sur un nuage afin que les voyageurs futurs puissent, en passant, apprendre le succès remporté par les soldats de notre satellite.

Lucien donne sur les habitants de la lune quantité de détails étranges, scrupuleusement observés, notamment que leurs yeux sont en verre et qu'ils les quittent quand ils n'en ont pas besoin ou qu'il faut les faire réparer. Leur nourriture rappelle, non sans ironie, celle qu'on offre aux dieux : ils allument du feu et font rôtir sur les charbons des grenouilles ailées, puis ils s'asseyent autour de ce feu comme autour d'une table et se régalent en avalant la fumée qui s'exhale du rôti. Tel est leur plat solide, leur boisson est de l'air pressé dans un vase.

Il a l'occasion d'éclaircir un point de météorologie qui, de son temps, n'était pas encore expliqué. Dans la lune les vignes produisent de l'eau, les grains de raisin ressemblent à des grêlons, aussi je crois, dit notre voyageur, que quand un coup de vent agite ces vignes, alors il tombe chez nous de la grêle qui n'est autre chose que ces raisins égrenés.

Lucien obtient d'Endymion la permission de quitter la lune. Il part comblé de présents, escorté par mille hippogypes, cavaliers montés sur des vautours à trois têtes.

Il put visiter plusieurs planètes, entre autres celle qui est habitée par les âmes de toutes les lampes du monde, ce qui lui donne un éclat extraordinaire. Il fut reconnu par la lampe de sa maison. De joie elle versa des larmes d'huile et lui dit : « Tu vois, je suis toujours allumée et tu me retrouveras vivante. »

Enfin il parvint à regagner la terre où il continua sa navigation. Mais son navire fut avalé corps et biens par une énorme baleine. L'intérieur du poisson était très habitable, il y avait des forêts, des villages, des hommes qui se faisaient la guerre. Un incendie de forêt rendit le monstre malade et notre voyageur put enfin reprendre la mer.

Il découvrit encore des pays étranges : le pays du feu, le pays de la glace et, dans une mer de lait, l'île-fromage dont les habitants se nourrissent en mangeant le sol qui les porte. Un jour il aborde l'île des Bienheureux où séjournent les héros et les femmes célèbres.

Lucien ne peut se retenir à ce sujet d'écrire un nouveau Dialogue des morts : il rencontre Hélène, il cause avec Alexandre et, comme il a l'intention de toucher à l'île de Calypso, il demande à Ulysse une lettre d'introduction. Dans cette lettre le voyageur homérique regrette vivement de ne pas avoir partagé l'immortalité de la belle nymphe. Au séjour des héros, condamnés au bonheur à perpétuité, il s'ennuie énormément. La joie qu'il se promettait pour son retour à Ithaque n'a été qu'une déception : sa maison au pillage, Pénélope un peu défraîchie et pourtant courtisée. Il fut obligé de se mettre en colère et de massacrer les prétendants. Télémaque a été gentil, mais son autre fils Télégone l'a tué tout simplement. Ah ! si c'était à refaire !

Nous ne pouvons suivre indéfiniment notre infatigable voyageur. Il s'arrête pourtant en rencontrant la « terre opposée à la nôtre » ; il avait donc découvert l'Amérique !

Il annonce qu'il racontera le récit de son retour dans « *les livres suivants* ». Il vaut mieux penser qu'une fois de plus il a plaisanté.

En lisant cette fantastique relation de voyage, on pense à Simbad, le marin des *Mille et une Nuits*, à Panurge dans ses aventures, à Gulliver, à Candide et aux romans de Jules Verne. Jusqu'au caricaturiste Töppfer qui, dans *M. Cryptogame*, a utilisé l'incident de la baleine et le vaisseau tourbillonnant.

Les contemporains de Lucien devaient trouver à ces textes un agrément particulier, une saveur spéciale. Lucien a voulu parodier les anciens auteurs, c'est Homère qui lui dicte ses phrases, il écrit en style pompeux sa propre odyssée et parfois ce sont des phrases entières d'Hérodote qu'il copie et, en changeant un simple mot, cela devient comique. Ses lecteurs se sont amusés et s'amusent encore ; quant à lui, à coup sûr, il s'est fort diverti.

Pour exprimer ses idées, Lucien s'est beaucoup servi du dialogue. Cette forme de littérature animée, pleine de mouvement et de force donne à sa prose une allure incisive tout à fait caractéristique. Outre les séries qu'il a intitulées : *Dialogue des Dieux*, *Dialogues marins*, *Dialogues des Morts*, *Dialogues des Courtisanes*, presque toutes ses œuvres sont rédigées comme des scènes de comédie. Il explique lui-même pourquoi il a choisi cette manière d'écrire :

« Dans le principe, il n'y avait ni rapport, ni amitié entre le Dialogue et la Comédie. L'un, relégué au logis ou borné à quelques promenades avec des intimes, n'étendait pas plus loin ses entretiens (critique des dialogues de Socrate) ; l'autre, tout entière à Bacchus, vivait en plein théâtre, s'ébattait, faisait rire, lançait des traits piquants, marchait au son de la flûte et parfois, se donnant carrière dans des vers anapestiques, elle s'amusait aux dépens des amis du Dialogue, les appelant songeurs, pourchasseurs d'idées en l'air et autres choses semblables, et paraissant n'avoir d'autre but que de les tourner en ridicule et d'abuser contre eux de la liberté bacchique (allusion aux pièces d'Aristophane). Mais le Dialogue ne tenait que de graves entretiens, des discours philosophiques sur la nature et sur la vertu, si bien qu'il y avait entre la Comédie et lui la différence qui existe, en musique, entre la note la plus grave de la première octave et la note la plus aiguë de la deuxième. Nous, cependant, nous avons osé rapprocher deux genres tout à fait éloignés et accorder des choses tellement discordantes qu'elles ne semblaient susceptibles d'aucun lien commun. »

Abordons le *Dialogue des Dieux* et nous allons assister aux scènes étranges et grotesques de divinités parlant comme des gens du commun et de mortels interpellant les maîtres de l'Olympe, comme s'ils étaient leurs égaux. Voyez ce que dit Timon, le riche Athénien, devenu pauvre :

« O Jupiter, protecteur de l'Amitié, dieu des hôtes, des amis, du foyer, des éclairs, des serments, des nuées, du tonnerre, ou sous quelque nom que t'invoque le cerveau brûlé des poètes, surtout quand ils sont embarrassés pour la mesure, car alors ils te donnent toutes sortes de noms afin de soutenir la chute du sens et de remplir le vide du rythme : qu'est devenu le fracas de tes éclairs, le long murmure de ton tonnerre ?... Et ce carreau si vanté que tu portais si loin, que tu tenais toujours à la main, il s'est éteint, il s'est refroidi et n'a pas gardé la moindre étincelle de colère contre les méchants.

» ... Aussi as-tu recueilli le prix de ton insouciance ; on ne couronne plus tes statues, si ce n'est par hasard à Olympie ; encore celui qui le fait ne croit-il pas remplir un devoir rigoureux, mais simplement payer tribut à un antique usage.

» Mais laissons de côté les affaires générales, parlons des miennes. Après avoir fait monter sur le pinacle une foule d'Athéniens, les avoir élevés de la pauvreté à la richesse, secouru tous ceux qui étaient dans l'indigence, répandu avec profusion mes trésors sur mes amis, me voilà devenu pauvre et l'on ne me connaît plus, et je n'ai pas même un regard de ceux qui, courbés et rampant devant moi, attendaient en suspens un signe de ma tête. Si par hasard je les rencontre sur ma route, il semble qu'ils aperçoivent la colonne de quelque tombeau antique, ils passent sans lire... Souffle sur ta foudre, Jupiter ! »

Jupiter qui entend ces choses croit avoir affaire à quelque philosophe impie ; Mercure lui explique que c'est Timon le riche, qui veut faire croire qu'il a été victime de sa sympathie envers les malheureux quand il ne doit s'en prendre qu'à sa folie, qu'à sa niaiserie, au mauvais choix de ses amis. Et maintenant il travaille la terre pour vivre.

Le dieu qui n'a pas de rancune délègue Plutus, le dieu de la richesse ; mais Timon le reçoit fort mal, il ne veut plus de la fortune qui a causé tous ses malheurs ; il se déclare enchanté de gagner son pain par son travail ; pourtant par esprit de vengeance, il se ravise, il redevient riche, fait venir tous ses flatteurs et les assomme.

Voilà de la belle misanthropie !

Shakespeare a utilisé cet épisode pour en faire son *Timon d'Athènes* et Molière y a puisé les éléments de son *Misanthrope*, qui a, vous le savez, une tout autre allure.

Dans les *Dialogues des Dieux*, Lucien fait de l'Olympe un intérieur bourgeois. Junon jalouse passe son temps à faire des scènes à son mari. Jupiter accouche tantôt par la tête pour Minerve, tantôt par la cuisse pour Bacchus. Nous assistons à ce dernier événement :

« *Neptune.* — Peut-on, Mercure, entrer chez Jupiter ?

» *Mercure.* — Non, Neptune.

» *Neptune.* — Annonce toujours.

» *Mercure.* — Ne me presse pas davantage, le moment est mal choisi, te dis-je ; tu ne peux le voir en cet instant, Jupiter est malade.

» *Neptune.* — Quelle est sa maladie, Mercure ? Ce que tu dis est étonnant.

» *Mercure.* — J'ai honte de te le dire, mais c'est comme cela.

» *Neptune.* — Il ne faut pas te gêner avec moi qui suis ton oncle.

» *Mercure.* — Eh bien, Neptune, il vient d'accoucher tout à l'heure. » (Stupéfaction de Neptune !...)

Notre auteur s'égaie avec aisance des amours terrestres et célestes qui préoccupent les dieux et les déesses. Tout en buvant le nectar, on se raconte à l'oreille ces faits-divers dont on rit. Mercure entre en scène souvent, même il s'en plaint :

« J'ai tant de choses à faire, seul, accablé, tiraillé par toutes sortes d'emplois. Dès le matin il faut que je me lève pour balayer la salle du banquet, puis, quand j'ai étendu les tapis pour l'assemblée et tout mis en ordre, il faut que je me rende auprès de Jupiter pour porter ses décrets, en haut, en bas, comme un vrai courrier. A peine de retour et tout couvert de poussière, il faut lui servir l'ambroisie et avant l'arrivée de l'échanson dont il a fait récemment emplette, c'était moi qui lui versait le nectar. Mais le plus désagréable de tout, c'est que seul, de tous les dieux, je ne ferme pas l'œil de la nuit ; il faut que j'aille conduire les âmes chez Pluton, que je lui amène les morts et que je siège au tribunal. Les travaux du jour ne me suffisent pas. Ce n'est pas assez que d'assister aux palestres, de faire office de héraut dans les assemblées, de donner des leçons aux orateurs, je suis préposé en même temps à tout ce qui regarde les pompes funèbres.

» Enfin je suis harassé et, si je pouvais, j'aimerais mieux être mis en vente comme les pauvres esclaves de la terre. »

Là-dessus il repart à ses courses, craignant qu'un retard lui amène des coups.

Dans les *Dialogues des Morts*, ce sont encore des dieux qui interviennent pour être amoindris, ridiculisés dans leur rôle funéraire comme ils le sont dans leur rôle céleste par cet impie de Lucien.

« *Charon.* — Sachez où nous en sommes ; notre barque, vous le voyez, est petite, pourrie de toutes parts ; pour peu qu'elle penche d'un côté, elle va chavirer et sombrer. C'est qu'aussi vous arrivez en si grand nombre et avec tant de bagages ! Oui, si vous montez avec tous ces paquets, je crains que vous ne vous en repentiez bientôt, surtout ceux qui ne savent pas nager. »

Les morts pourraient se noyer.

Et chacun est obligé de jeter à l'eau : sceptres, trophées, riches armures, luxueux vêtements, bijoux, beauté, jeunesse.

« *Mercure.* — Je t'ai apporté d'après ta commission une ancre de cinq drachmes.

» *Charon.* — C'est cher !

» *Mercure.* — Par Pluton, je l'ai achetée cinq bonnes drachmes et une courroie à relier les rames, deux oboles.

» *Charon.* — Mets cinq drachmes et deux oboles.

» *Mercure.* — Plus une aiguille pour raccommoder la voile, cinq oboles.

» *Charon.* — Ajoute-les.

» *Mercure.* — Plus de la cire pour boucher les trous, etc... »

Mais Charon ne peut pas payer, parce que pour le moment il n'y a ni guerre ni peste, les affaires ne vont pas. C'est la morte saison.

Le thème de ces dialogues funéraires, c'est que les riches sont punis et les pauvres récompensés.

Dans une autre scène, Diogène profite de cette circonstance que Pollux passe un jour aux enfers et un jour dans le ciel pour le charger de faire ses commissions sur la terre.

« *Diogène.* — Veux-tu te charger d'une commission pour les philosophes ?

» *Pollux.* — Parle, ça ne sera pas lourd à porter ?

» *Diogène.* — Dis-leur de faire trève à leurs extravagances, à leurs disputes sur les universaux, à leurs fabriques de crocodiles, à toutes ces questions saugrenues qu'ils enseignent à la jeunesse.

» *Pollux.* — Mais ils diront que je suis un ignorant.

» *Diogène.* — Eh bien, dis-leur de ma part d'aller... se laver.

» *Pollux.* — Je le leur dirai, Diogène.

» *Diogène.* — Quant aux riches, mon cher petit Pollux, dis-leur aussi de ma part : « Pourquoi donc, insensés, gardez-vous cet or ? Pourquoi vous torturer à calculer les intérêts, à entasser talents sur talents, vous qui devez bientôt descendre là-bas avec une seule obole ? »

» *Pollux.* — Tout cela leur sera dit.

» *Diogène.* — Mais aux pauvres dont le nombre est grand et qui, mécontents de leur sort, déplorent leur indigence, dis-leur, Laconien, de ne plus pleurer, de ne plus gémir, apprends-leur qu'ici règne l'égalité, qu'ils y verront les riches de la terre réduits à leur propre condition. »

Ces critiques sociales sont peu de chose à côté du persiflage que Lucien adresse sans crainte et sans pudeur aux êtres divins.

Dans *Jupiter confondu*, Cyniscus, philosophe de la secte de Diogène, comme l'indique son nom, va trouver Jupiter ; nouveau Titan, il escalade le ciel pour interpeller le Maître des dieux. Il lui demande d'abord si ce ne sont pas les Parques, qui sont seules maîtresses de la vie des hommes et s'il est vrai que les dieux ne peuvent rien changer à la volonté de ces fileuses. Jupiter en convient ; alors Cyniscus demande quel rôle joue la Fortune et si le Destin n'écrit pas d'avance sur son livre tout ce qui doit arriver, si les Atrides par exemple n'ont pas commis, malgré eux, des crimes atroces que leur imposait leur destinée. Jupiter reconnaît que tout cela est parfaitement exact.

» *Jupiter.* — Je ne sais pas où tu veux en venir avec tes questions.

» *Cyniscus.* — Le voici, Jupiter, et je te supplie au nom des Parques et de la Destinée de m'entendre sans humeur et sans colère te dire franchement la vérité. Si les choses sont comme nous l'avons dit, si les Parques sont réellement nos souveraines, et que l'on ne puisse rien changer à ce qu'elle ont une fois résolu, pourquoi donc, nous autres hommes, vous offrons-nous des sacrifices ? pourquoi vous immolons-nous des hécatombes, vous demandant en échange toutes sortes de biens ? Je ne vois pas quel profit nous pouvons retirer de ce culte, si nos prières ne peuvent obtenir l'éloignement des maux, ni aucune faveur que les dieux dispensent. »

Continuant l'interrogatoire, car le trône de Jupiter ressemble à un banc d'accusé, le philosophe montre la vie malheureuse, pénible, que mènent certains dieux, leur impuissance à réprimer le mal.

« *Jupiter.* — Prends-garde, Cyniscus, tes discours deviennent insolents et tu pourrais bien t'en repentir.

» *Cyniscus.* — Trêve de menaces, tu sais qu'il ne peut m'arriver que ce que les Parques auront décidé avant toi ; et puis je vois que les sacrilèges, loin d'être punis, vous échappent presque tous. La Destinée, je pense, ne veut pas qu'ils soient pris. »

Ceci était écrit au moment où des voleurs avaient enlevé tout l'or qui ornait la statue du dieu d'Olympie.

Puis on parle des oracles dont Cyniscus montre la fausseté et l'inanité :

« *Jupiter.* — Mais tu ne nous laisses rien, nous ne sommes donc plus des dieux que pour rire, si notre providence n'a aucun pouvoir sur les affaires humaines et si nous ne méritons pas plus de sacrifices que des tarières et des haches. Je crois, ma foi, que tu te moques de moi en me voyant, moi qui suis prêt à lancer la foudre, supporter patiemment de tels propos.

» *Cyniscus.* — Frappe, Jupiter ! S'il est écrit que je dois être frappé, je ne t'accuserai pas du coup, mais Clotho la Parque qui m'aura blessé par ton bras. Mais dis-moi, laissant en paix les sacrilèges et les brigands, tant d'hommes effrontés, violents et parjures, pourquoi foudroyez-vous la plupart du temps un chêne, une pierre, le mât d'un navire qui n'en peut mais, quelquefois même un vertueux et honnête voyageur ? Pourquoi ne réponds-tu pas, Jupiter ? Ne m'est-il pas permis de savoir cela ?

» *Jupiter.* — Non, Cyniscus, tu es trop curieux, je ne sais pas où tu as pris tout ce que tu viens entasser contre moi ; tu ne sais donc pas quelles punitions attendent les scélérats après leur vie et de quelles félicités jouiront les justes ?

» *Cyniscus.* — J'ai entendu parler d'un certain Minos de Crète qui exerce aux enfers les fonctions de juge ; tu peux m'en dire des nouvelles puisqu'il est ton fils. Quels sont ceux qu'il punit surtout ?

» *Jupiter.* — Les méchants tels que les homicides, les sacrilèges !

» *Cyniscus.* — Et quels sont ceux qu'il envoie chez les héros ?

» *Jupiter.* — Les bons, les saints, ceux qui ont toute leur vie pratiqué la vertu.

» *Cyniscus.* — Et pourquoi cela, Jupiter ?

» *Jupiter.* — Parce que les uns ont mérité une récompense et les autres un châtiment.

» *Cyniscus.* — Et si quelqu'un a commis un crime involontairement, est-il juste de le punir ?

» *Jupiter.* — Non.

» *Cyniscus.* — Et si sans le vouloir on a fait une bonne action, mérite-t-on d'être récompensé ?

» *Jupiter.* — Pas davantage.

» *Cyniscus.* — Par conséquent, Jupiter, Minos ne doit punir ni récompenser personne.

» *Jupiter.* — Comment, personne ?

» *Cyniscus.* — Parce que nous autres hommes, nous ne faisons rien par notre volonté, nous sommes soumis aux ordres d'une nécessité inévitable, à savoir que la Parque est la cause souveraine. Si quelqu'un commet un meurtre, c'est elle qui le commet. »

Là-dessus Jupiter se met en colère et s'en va. Constatons avec quelle audace Lucien s'attaque aux divinités de son pays. Toute la métaphysique y passe, le ciel, l'enfer, les lois de justice et l'on voit

Comme avec irrévérence
Parle des dieux ce maraud !

Dans *Jupiter tragique*, Lucien montre tout l'Olympe dans la consternation. Jupiter pour marquer sa douleur ne fait que réciter des vers tragiques et voici ce qu'il explique :

« *Jupiter*. — Hier, le stoïcien Timocles et l'épicurien Damis ont eu, je ne sais à quel propos, une dispute sur la Providence et cela devant une assemblée nombreuse et distinguée. Damis prétendait qu'il n'y a point de dieux, qu'ils ne dirigent ni ne surveillent les choses humaines ; Timocles, en galant homme, s'est efforcé de plaider notre cause. La dispute n'est pas finie, on est convenu de la reprendre et de l'achever.

» Vous voyez le danger et à quelles extrémités nous sommes réduits : tout dépend d'un seul homme. »

Les dieux discutent sur les moyens de se tirer d'affaire et finalement se taisent pour écouter les deux orateurs :

« *Timocles*. — Que dis-tu, sacrilège Damis ! qu'il n'y a pas de dieux et que leur providence ne veille pas sur les hommes ?

» *Damis*. — Non, il n'y en a point, mais d'abord, réponds toi-même : Quelles raisons te portent à croire qu'ils existent ?

» *Timocles.* — Pas du tout ; c'est à toi, scélérat, de répondre !

» *Jupiter.* — Jusqu'ici le nôtre fait merveille, il crie le plus fort. Courage, Timocles, couvre-le d'injures, c'est là ta force !

» *Timocles.* — Non, par Minerve, je ne répondrai pas le premier !

» *Damis.* — Eh bien, alors, Timocles, interroge-moi le premier, mais pas d'injures, je te prie.

» *Timocles.* — Tu as raison. Dis-moi donc, coquin, crois-tu donc que les dieux exercent une providence ?

» *Damis.* — Non !

» *Timocles.* — Que dis-tu, rien n'est conduit par leur sagesse !

» *Damis.* — Rien !

» *Timocles.* — Aucun dieu n'a le soin de régler l'univers ?

» *Damis.* — Aucun !

» *Timocles.* — Tout est emporté au hasard par une force aveugle ?

» *Damis.* — Oui !

» *Timocles.* — Eh quoi ! citoyens, vous entendez cela de sang-froid, vous ne lapidez pas cet impie ?

» *Damis.* — Qui es-tu donc pour te fâcher si fort en faveur des dieux lorsqu'ils ne se fâchent pas eux-mêmes, et prendre

Les intérêts du Ciel plus qu'il ne fait lui-même ?

» *Timocles.* — Ils ne tarderont pas à te punir.

» *Damis.* — Et quand en auraient-ils le temps, ayant un si grand nombre d'affaires sur les bras ? Ils sont occupés à régler celles du monde qui sont infinies. Qui a pu t'engager à croire à la providence des dieux ?

» *Timocles.* — L'ordre de l'univers, le retour périodique des saisons, le développement des plantes, la reproduction des animaux, toutes ces merveilles ne te paraissent-elles pas être les effets d'une Providence ?

» *Damis.* — C'est là, Timocles, une pétition de principe. Il n'est pas évident que ces merveilles soient l'œuvre d'une volonté. Ces phénomènes demeurent les mêmes et obéissent à des lois constantes que les dieux ne peuvent changer. »

La discussion dure longtemps. Les dieux la

suivent avec anxiété, finalement Damis triomphe.

« Et nous, s'écrie Jupiter, qu'est-ce que nous faisons après cela ? »

Mercure conclut :

On ne reçoit d'affront que celui qu'on avoue !

Nous allons connaître maintenant ce que Lucien pensait des philosophes qui l'entouraient et, comme il aime à faire parler les dieux, c'est Jupiter qui nous donnera l'opinion de Lucien. Le Maître des dieux s'excuse auprès de Timon, dont nous avons déjà parlé, de n'avoir pu s'occuper de lui.

« *Jupiter.* — ... Tant d'occupations !... la crainte des sacrilèges... il est si difficile de s'en garantir que je n'ai pas le temps de fermer l'œil ; tout cela m'a empêché depuis longtemps de jeter un regard sur l'Attique, surtout depuis que la philosophie et les batailles de mots sont à la mode. Ces disputailleries, ces criailleries m'empêchent d'entendre les prières et il faut que je reste assis les oreilles bouchées ou que je sois assourdi de leurs vertus, de leur spiritualité et autres inepties, qu'ils vocifèrent tous ensemble et à haute voix. »

Mais c'est surtout sa vigoureuse boutade des *Sectes à l'encan* qui nous apprend à juger les écoles qui se faisaient concurrence.

C'est Jupiter qui fait vendre les philosophes, Mercure dirige les enchères et la farce commence :

« *Mercure.* — Eh ! le pythagoricien, fais-toi voir ! Je vends la vie parfaite, la vie sainte et vénérable. Qui est-ce qui achète ? Qui veut être au-dessus de l'homme ? Qui veut connaître l'harmonie de l'univers et revivre après sa mort ?

» *Le marchand.* — Il n'a pas mauvais air ! Que sait-il ?

» *Mercure.* — L'arithmétique, l'astronomie, la magie, la géométrie, la musique, la fourberie. Tu vois là un excellent devin.

» *Le marchand.* — Est-il permis de l'interroger ?

» *Mercure.* — Interroge !

» *Le marchand.* — Si je t'achète, que m'enseigneras-tu ?

» *Pythagore.* — Je ne t'enseignerai pas, je te ferai ressouvenir.

» *Le marchand.* — Comment me feras-tu ressouvenir ?

» *Pythagore.* — En purifiant d'abord ton âme et en la nettoyant de ses ordures.

» *Le marchand.* — Eh bien, imagine qu'elle est purifiée, comment me donneras-tu la réminiscence ?

» *Pythagore.* — En commençant par t'imposer un calme parfait, le mutisme absolu de cinq années, etc... »

Pythagore dit qu'il s'est instruit en Egypte; il se trompe ou nous trompe. Par le système qu'il nous développe, il est un pur brahamane, un adepte du Vedantisme. Interrogé sur sa manière de vivre, Pythagore dit : « Je ne mange rien qui soit en vie, tout le reste m'est permis sauf les fèves. »

Il donne plusieurs raisons de cette interdiction, mais la plus forte, c'est que les Athéniens s'en servent pour élire les magistrats. Donc l'idée n'est pas indienne et montre que Pythagore n'aimait pas la politique.

C'est le tour de Diogène :

« *Jupiter.* — Qu'on leur en fasse voir un autre !

» *Mercure.* — Eh ! l'homme à la besace et à la tunique sans manches, viens ici, fais le tour de la salle. A vendre une vie mâle et courageuse, une vie libre ; qui est-ce qui achète ?

» *Le marchand.* — Que dis-tu, crieur ? Tu vends une vie libre ?

» *Mercure.* — Oui !

» *Le marchand.* — Tu ne crains pas qu'il te cite devant l'Aréopage ?

» *Mercure.* — Il ne se soucie pas d'être mis en vente : il n'en pense pas moins être libre.

» *Le marchand.* — A quoi peut servir un homme aussi crasseux, quelle est sa patrie, sa profession ?

» *Mercure.* — Interroge-le toi-même.

» *Le marchand.* — J'ai peur, à voir cette figure sombre et farouche, qu'il n'aboie après moi si je l'approche, et, ma foi, qu'il ne me morde.

» *Mercure.* — N'aie pas peur, il est apprivoisé !

» *Le marchand.* — D'abord, mon ami, dis-moi : D'où es-tu ?

» *Diogène.* — De partout.

» *Le marchand.* — Que veux-tu dire ?

» *Diogène.* — Tu vois un citoyen du monde.

» *Le marchand.* — Qui donc imites-tu ?

» *Diogène.* — Hercule. Je fais la guerre aux voluptés ; j'ai entrepris de nettoyer la vie humaine. Je suis libérateur des hommes et médecin des passions ; en un mot, je veux être l'interprète de la liberté et de la franchise.

» *Le marchand.* — A merveille, mon cher interprète ! Si je t'achète, comment m'instruiras-tu ?

» *Diogène.* — En te prenant pour disciple je commencerai par te dépouiller de ton bien-être, je t'enfermerai dans l'indigence, ensuite je te forcerai à peiner, à travailler, dormant sur la terre, buvant de l'eau, ne mangeant que ce qui te tombe sous la main. Si tu as des richesses, tu les jetteras à la mer ; tu ne te soucieras plus de femme, d'enfant, de patrie : tout cela pour toi ne sera que fadaise ; si l'on te donne des coups de fouet, si l'on te met à la question, tu ne croiras pas que ce soit mal.

» *Le marchand.* — Que dis-tu là, je n'éprouverai point de douleur si l'on me fouette ?

» *Diogène.* — Voici maintenant les qualités que je veux te voir acquérir. D'abord sois effronté, insolent, impudent avec tout le monde, rois et particuliers. Loin de toi la douceur, la pudeur, la modération. Seul au milieu de la foule, ne te lie avec personne. Enfin quand tu le voudras, mange un polype cru et meurs. Voilà le bonheur que nous promettons.

» *Le marchand.* — Fi donc ! Tout cela est hideux et indigne d'un homme.

» *Diogène.* — C'est du moins bien aisé, mon cher, et facile à mettre en pratique ; tu n'auras pas besoin pour cela d'instruction, de livres et autres sornettes. Tu arriveras à la gloire par le plus court chemin. »

Maintenant c'est Aristippe :

« *Mercure.* — Allons, attention tout le monde ! C'est un article très beau et qui demande un riche amateur. C'est la vie suave, la vie trois fois heureuse. Qui est-ce qui veut de la volupté ?

» *Le marchand.* — Viens ici et dis-nous ce que tu sais faire ?

» *Mercure.* — Ne l'importune pas ; il est ivre !

» *Le marchand.* — Alors dis-moi, quels sont ses talents ?

» *Mercure.* — Il est bon convive ! C'est un cuisinier habile. Enfin il est passé maître en fait de volupté. Le point sommaire de sa philosophie, c'est d'user de tout et de chercher en tout le plaisir.

» *Le marchand.* — Jette les yeux sur d'autres acheteurs, riches et opulents, moi je ne suis pas en état d'acheter sa vie joyeuse. »

adjuger Socrate pour 14.000 francs (deux talents).

Alors on met en vente Chrysippe qui sait tout et tient une boutique de syllogismes :

« *Chrysippe.* — As-tu un fils ?

» *Le marchand.* — Pourquoi cela ?

» *Chrysippe.* — Supposons qu'un crocodile te l'ait enlevé et qu'ensuite il t'ait promis de te le rendre, à condition que tu lui dirais au juste s'il est dans l'intention de te le rendre ou non : quelle est à ton avis la résolution du crocodile ? »

Il en a comme cela un grand assortiment et déballe volontiers sa marchandise ; puis c'est le tour d'un disciple d'Aristote qui est en dedans autrement qu'en dehors et sait distinguer en lui, l'ésotérique et l'exotérique.

Enfin on termine la criée par la mise en vente de Pyrrhias, dont le nom rappelle Pyrrhon, le sceptique consommé, le doute personnifié.

« *Le marchand.* — D'abord dis-moi ce que tu sais ?

» *Le philosophe.* — Rien.

» *Le marchand.* — Que veux-tu dire par là ?

» *Le philosophe.* — Que je ne crois à l'existence de rien.

» *Le marchand.* — Mais nous, que sommes-nous donc ?

» *Le philosophe.* — Je n'en sais rien.

» *Le marchand.* — Et toi, qui es-tu ?

» *Le philosophe.* — Je n'en sais absolument rien.

» *Le marchand.* — Tu me parais un garçon lourd et stupide. Mais enfin quel est le but de ta science ?

» *Le philosophe.* — L'ignorance.

» *Le marchand.* — Combien vaut-il ?

» *Mercure.* — Une mine.

» *Le marchand.* — La voici. Eh bien, que dis-tu ? T'ai-je acheté ?

» *Le philosophe.* — Je n'en sais rien !

» *Le marchand.* — C'est certain pourtant, je t'ai acheté et je t'ai payé.

» *Le philosophe.* — Je m'abstiens et ne décide pas la question !

» *Le marchand.* — Malgré cela suis-moi, car tu es mon esclave.

» *Le philosophe.* — Qui sait si tu dis vrai ?

» *Le marchand.* — Le crieur, l'argent et le monde qui est ici !

» *Le philosophe.* — Y a-t-il du monde ici ?

» *Le marchand.* — Je vais tout à l'heure te

conduire au moulin et te faire voir que je suis ton maître.

» *Le philosophe.* — Je ne décide pas la question !

» *Le marchand.* — Et moi, par Jupiter, je la tranche (il le frappe). »

Dans son *Mariage forcé*, Molière a copié tout au long la scène du philosophe pyrrhonien ; seulement, comme il suivait avec soin les conseils de Sarcey, il n'a pas manqué d'écrire la scène « à faire », celle où les rôles sont renversés et, quand Sganarelle a battu le philosophe, celui-ci se révolte et l'autre lui sert la même monnaie :

« *Marphurius.* — Avoir eu l'audace de battre un philosophe comme moi !

» *Sganarelle.* — Corrigez, s'il vous plaît, cette manière de parler. Il faut douter de toutes choses et vous ne devez pas dire que je vous ai battu, mais qu'il vous semble que je vous ai battu.

» *Marphurius.* — Ah ! je vais faire ma plainte au commissaire du quartier, des coups que j'ai reçus.

» *Sganarelle.* — Je m'en lave les mains.

» *Marphurius.* — C'est toi qui m'as traité ainsi.

» *Sganarelle.* — Il n'y a pas d'impossibilité. »

Le dialogue des philosophes à l'encan est suivi d'un autre où Lucien est pris à partie par les sages qu'il a fait vendre ; et l'on voit les philosophes fort en colère, Socrate ne peut retenir sa fureur.

« *Socrate.* — Chargez ! Chargez ! Ecrasez ce coquin d'une grêle de pierres, redoublez avec des mottes de terre et en avant les coquilles d'huîtres. Tombez sur le scélérat à coups de bâton, prenez garde qu'il n'échappe. Chargez, Platon, et toi aussi, Chrysippe, et toi encore ; faisons la tortue contre lui. C'est un ennemi commun. Il n'est aucun de nous qu'il n'ait outragé. Toi, Diogène, si jamais tu t'es servi de ton bâton, c'est le moment d'en faire usage ; pas de quartier ! Quoi donc ! vous mollissez, Epicure et Aristippe. Aristote, un peu plus d'ardeur. A merveille ! Le monstre est pris. Nous te tenons, infâme.

» Qu'on l'empale », s'écrie le doux Platon.

On croirait lire du Rabelais, car en effet Rabelais a imité Lucien.

Lucien, c'est lui la victime, demande à être jugé par la Philosophie elle-même. Il se justifie en disant qu'il a voulu rire, non des sages philosophes, ses maîtres, mais de tous ces faux savants qui encombrent les écoles et qui ne pensent qu'à l'or et au bien-être qu'il procure, êtres vils et méritant d'être vendus sur la place publique.

C'est que, s'il y avait des professeurs dignes de respect, d'autres pour vivre étaient obligés d'employer tous les moyens ; le manteau du philosophe cachait bien des misères. Lucien les raconte et en fait la critique.

Les riches Romains aimaient avoir à leur service un philosophe grec. C'était une sorte d'aumônier qui parlait philosophie au lieu d'enseigner la foi. On l'engageait ainsi qu'un cuisinier, un porteur de litière, un barbier ; il touchait à la domesticité, sauf qu'il avait les manières distinguées, l'air respectable, une longue barbe et un manteau grec.

Lucien, s'adressant à un de ses amis qui remplit cet emploi, lui dit :

« Tout le monde te connaît pour un grammairien, un orateur, un philosophe ; justement ton patron croit honorable pour lui d'avoir un homme de ta sorte, mêlé à ceux qui le précèdent et qui lui font cortège ; cela lui donne la réputation d'un amateur de science grecque qui chérit les lettres et les arts. En vérité, mon cher, tu cours grand risque qu'au lieu de tes beaux discours il n'achète de toi que la barbe et le manteau ; il faut donc que tu sois sans cesse avec lui, sans qu'il te soit permis de l'abandonner un seul instant. Tu dois, le matin, te montrer avec tout le domestique et ne jamais quitter ton poste. Pour lui, appuyant quelquefois la main sur ton épaule, il te débite toutes les inepties qui lui passent par la tête ; il veut faire voir à tous ceux qu'il rencontre en route que, même en marchant, il s'occupe des Muses et que, dans la promenade, il emploie utilement ses loisirs. »

Lucien écrit cela dans un traité *Sur ceux qui sont aux gages des grands*. Or à peine venait-il de publier cette satire, qu'il s'engagea lui-même au service d'un haut personnage ; il s'expliqua, il s'excusa, et nous savons ainsi qu'il ne dut pas sa fortune uniquement aux lettres.

Il suppose qu'un ami l'interpelle pour se moquer de lui et il répond : « Fais seulement réflexion à la différence extrême qui existe entre un mercenaire qui consent à vivre dans la maison d'un riche, à devenir son esclave, à passer par toutes les épreuves consignées dans mon livre et l'homme public chargé d'une partie de l'administration, exerçant l'autorité qu'on lui a confiée et recevant, à ce titre, un salaire de l'Empereur. Ici la servitude est manifeste, là ce sont des hommes qui ont en mains l'intérêt public, qui se rendent utiles à des villes, à des nations entières. Dans la vie privée, j'ai conservé ma liberté, en public j'exerce une portion de l'autorité suprême et j'administre de concert avec le souverain. »

Je racontai cela dernièrement à quelqu'un que je désirais documenter sur ma conférence, et lui, me parlant de ce héros dont je voulais être le Pindare : « Enfin, votre Lucien, il était sous-préfet et, à tout prendre, un arriviste. »

Le mot ne m'a pas choqué, par là Lucien se rapproche davantage de nous et je vous ai prévenu qu'il était un Attique tout à fait moderne.

Pour montrer l'inanité des doctrines, le brillant écrivain ne se contente pas de l'ironie, il essaye de la dialectique et combat les sophistes par leurs propres armes. Il discute avec son ami Hermotimus, qui cherche la route qui mène à la vérité :

« *Lycinus* (C'est Lucien). — Dis-moi si la seule route qui conduit à la philosophie est celle de vous autres stoïciens ou s'il est vrai, comme je l'ai entendu dire, qu'il y a plusieurs autres philosophies ?

» *Hermotimus.* — Il y en a beaucoup, tels que les péripatéticiens, les épicuriens, les disciples de Platon, quelques sectateurs de Diogène, d'Antisthène, de Pythagore et beaucoup d'autres encore.

» *Lycinus.* — Voudras-tu m'enseigner d'abord à quels signes on peut reconnaître au premier coup d'œil, quelle est la meilleure philosophie, celle qui dit la vérité et dont on peut faire choix sans avoir égard aux autres ?

» *Hermotimus.* — Volontiers, en voyant le plus de monde se porter vers elle, je me suis figuré que c'était la meilleure. »

Ils cherchent ensemble la route de la sagesse et Lycinus fait semblant d'être fort embarrassé :

« *Hermotimus.* — Moi je te délivrerai de cette incertitude. Pour peu que tu te fies, Lycinus, à ceux qui ont déjà fait la route, tu ne peux t'égarer.

» *Lycinus.* — Desquels parles-tu ? Quelle route ont-ils suivie ? Quel guide ont-ils pris ? C'est toujours le même embarras. »

C'est la dialectique à la Socrate, longuement développée, finement et gaiement présentée ; la conclusion est que, toutes les sectes se contredisant, aucune n'enseigne la vérité. Hermotimus convaincu renonce à ses études de philosophie.

« *Hermotimus.* — Pour les philosophes, si par hasard, et malgré mes précautions, j'en rencontre un sur mon passage, je l'éviterai, je m'en détournerai comme on fuit les chiens enragés. »

Cet embarras où se trouvaient les jeunes lettrés pour choisir entre les systèmes, le gouvernement romain l'éprouvait aussi.

L'empereur Marc-Aurèle donnait dix mille drachmes par an aux professeurs de philosophie de chacune des sectes : stoïciens, platoniciens, épicuriens, péripatéticiens. Sans prendre parti pour aucun système, il faisait enseigner en même temps quatre vérités différentes.

Lucien aime à montrer l'indécision des esprits courant à la recherche de la meilleure des philosophies. Une de ses bonnes inventions est l'aventure qu'il raconte d'un philosophe qui, voulant en avoir le cœur net, prend le parti d'escalader le ciel et d'aller interroger Jupiter. Il a toujours eu du goût pour les voyages aériens.

Ménippe, le philosophe cynique, a voulu comprendre l'univers, savoir quel en était l'ouvrier, le principe, la fin. Il croit devoir s'adresser aux philosophes : « Mais loin de dissiper mon ignorance, dit-il, ils me jetèrent dans des perplexités plus grandes encore, ne m'entretenant que de principes, de fins, d'atomes, de vides, de matières, d'idées et de mille autres choses dont ils me rabattaient chaque jour les oreilles.

» Mais le plus embarrassant pour moi, c'est que, la doctrine de l'un n'ayant aucun rapport avec celle de l'autre et leurs opinions étant contraires et diamétralement opposées, ils voulaient cependant tous me convaincre et chacun d'eux essayait de m'attirer à son sentiment particulier. »

Il prend donc le parti de monter au ciel pour se renseigner ; il s'attache aux bras des ailes d'oiseaux et ses essais d'aviateur sont assez bien décrits : « D'abord je ne fais que sauter en m'aidant des mains, et, comme les oies, je vole terre à terre en marchant sur la pointe des pieds et en étendant les ailes ; puis voyant que la chose me réussissait, je tente une épreuve plus hardie; je monte sur la citadelle, je me jette en bas et vole jusqu'au théâtre. » Comme il fait des progrès, il s'élance du haut de l'Hymette, fait le tour de Corinthe et revient au Taygète. Il devient de plus en plus habile, s'élance jusqu'à la lune et, de là, saute chez Jupiter.

Il trouve les dieux assemblés : « Mon arrivée imprévue les avait un peu troublés, ils s'attendaient que les hommes allaient bientôt tous arriver chez eux. »

Jupiter, très gracieux, se promène avec lui pour lui faire visiter le ciel. « Tout en marchant, il me fit plusieurs questions sur les affaires de ce monde. Il me demanda combien le blé valait en Grèce, si le dernier hiver avait été rude, si les légumes avaient besoin de pluie ; s'il restait quelqu'un de la famille de Phidias, si on était toujours dans l'intention d'achever le temple d'Olympie, enfin si les voleurs du temple de Dodone avaient été pris. » Après que j'eus répondu à toutes ces questions : « Dis-moi, Ménippe, quelle opinion les hommes ont-ils de moi ?

» — Mais une opinion très pieuse ! ils pensent que vous êtes le maître des dieux.

» — Tu plaisantes », répond Jupiter, mieux renseigné qu'il ne veut le paraître.

Inutile de dire que Ménippe descendit du ciel aussi ignorant qu'il l'était auparavant. Les dieux ne savent rien du tout.

Nous avons vu que Lucien ne croyait pas aux dieux du paganisme, qu'il repoussait les philosophies. On peut se demander alors quelle était sa propre conception. Des commentateurs ont dit qu'il était platonicien, d'autres qu'il était stoïcien. On s'égare : Lucien était de la secte de Lucien. Au point de vue social, il trouve inique qu'il y ait des riches et des pauvres, il aime les honnêtes gens et déteste les canailles, mais il ne sait pas bien ce qu'il faudrait faire pour améliorer l'humanité.

Suivons-le donc dans ses études de mœurs, feuilletons par exemple les *Dialogues des Courtisanes* qui touchent à la morale et confinent à la philosophie.

Pour en avoir une idée, il faut lire *Aphrodite*. Mais si M. Pierre Louys a su rendre la grâce, la finesse, parfois la licence du dialogue, il ne semble pas avoir traduit le sentiment de pitié que Lucien laisse entrevoir.

« *La mère.* — Tu t'es mise à chanter pendant qu'il pleurait. Tu ne songes donc pas, ma fille, que nous sommes pauvres. Tu oublies les présents qu'il nous a faits. Comment aurions-nous passé l'hiver dernier, si Vénus ne nous eût envoyé ce garçon ?

» *Philinna.* — Eh quoi ! faut-il pour cela que je supporte ses outrages ?

» *La mère.* — De la colère si tu veux, mais pas de mépris. »

Et ailleurs :

« *Crobyle.* — Depuis deux ans que ton père, d'heureuse mémoire, est allé de vie à trépas, tu ne peux pas te figurer comment nous avons vécu. De son vivant nous ne manquions de rien. C'était un excellent forgeron, il s'était fait une grande réputation au Pirée, et tout le monde dit encore aujourd'hui qu'on ne verra jamais un forgeron comme Philinnus. Après sa mort, je fus d'abord obligée de vendre ses tenailles, son enclume et son marteau, le tout deux mines dont nous vécûmes quelque temps. Ensuite j'ai fait de la toile, poussé la navette et tourné le fuseau afin de gagner péniblement de quoi manger et je t'ai élevée comme mon unique espérance. J'ai pensé qu'à ton âge tu me nourrirais à ton tour en te procurant à toi-même de belles toilettes, de l'aisance, des robes de pourpre, des servantes.

» *Corinne.* — Comment cela, maman ? Que voulez-vous dire ?

» *Crobyle.* — En vivant avec les jeunes gens, en les embrassant moyennant finance.

» *Corinne.* — Comme Lyra, la fille de Daphnis ?

» *Crobyle.* — Oui !

» *Corinne.* — Mais maman, c'est une courtisane.

» *Crobyle.* — Voyez le grand malheur ! Pourquoi pleures-tu, Corinne ? »

Lucien s'est sincèrement préoccupé des malheureux, il s'est intéressé aux déshérités de la fortune. Dans son traité *De l'Amitié*, il montre qu'il eût pu se dévouer pour un ami, mais il n'a pas eu, à tout prendre, l'altruisme bouddhique ni la charité chrétienne.

Pour lui la société des humains se divise en deux catégories : les hommes libres et les esclaves. S'il s'indigne quand on moleste un homme libre, il trouve tout naturel qu'on frappe un esclave et même qu'on le fasse souffrir. Ne le blâmons pas de s'en réjouir, car les coups de bâton sont un des effets sûrs, irrésistibles de tous les théâtres comiques et les clowneries à coups de pied, à coups de poing ne laissent pas que de faire rire le public du XXe siècle. Aussi dans son *Roman de l'Ane*, quand il décrit avec tant de vérité les souffrances du baudet dans lequel on l'a incarné, quand il le représente brisé de fatigue et toujours frappé, couvert de plaies qu'on entretient vives pour qu'il sente mieux les corrections, on se demande s'il veut nous apitoyer ou nous divertir.

Pourtant Lucien parle souvent avec une certaine indignation de l'inégalité entre les pauvres et les riches. A propos des Saturnales, fêtes qui duraient toujours sept jours pendant lesquels les maîtres servaient et régalaient leurs esclaves, il imagine un échange de lettres entre Saturne, les pauvres et les riches. Ces derniers écrivent au dieu :

« Crois-tu donc, Saturne, que ce n'est qu'à toi seul que les pauvres ont écrit ces inepties ? Est-ce qu'il n'y a pas un siècle que Jupiter est assourdi de criailleries pareilles où ils demandent qu'on fasse un nouveau partage des biens et accusent le Destin d'avoir fait une répartition inégale et nous de ne pas vouloir leur faire part de nos richesses ? »

Mais Jupiter sait bien à qui la faute et voilà pourquoi il ne les écoute que d'une oreille.

Les riches assurent qu'ils ont souvent invité les pauvres à partager leurs festins, mais chaque fois ils se sont mal conduits, ont commis des excès. Le lettré délicat qu'est Lucien semble dire que le peuple n'est pas digne des richesses parce qu'il est mal élevé.

Ce n'est pas, on en conviendra, une façon de résoudre la question sociale.

Mais Lucien sut trouver mieux et, si nous voulons connaître le fond de sa pensée, lisons ce qu'il dit à la Philosophie dans *Le Pêcheur :*

« *Lucien.* — Je fais métier de haïr la forfanterie, le charlatanisme, le mensonge, l'orgueil et toute l'engeance des hommes affectés de ces vices. Ils sont nombreux, comme tu sais.

» *La Philosophie.* — Par Hercule, c'est un métier qui expose à beaucoup de haine.

» *Lucien.* — Tu as raison, aussi tu vois que de gens me haïssent et à quel péril ce métier m'expose. Cependant je connais aussi parfaitement la profession opposée, c'est-à-dire celle dont l'amour est le principe. J'aime en effet la vérité, la probité, la simplicité et tout ce qui est aimable de sa nature. »

Voilà une bonne profession de foi, une belle ligne de conduite, mais s'il nous plaît de serrer le personnage de plus près, voyons le portrait qu'il fait de Demonax et nous pourrions bien trouver là Lucien peint par lui-même.

Demonax paraît être pour Lucien le type du vrai philosophe : « Entraîné vers les hautes régions du bien, il s'appliqua à la philosophie ; il fut conduit à la sagesse dès son enfance, par un penchant naturel vers la vertu et, méprisant tous les biens de ce monde, il se voua tout entier à la liberté et à la franchise, menant une vie droite, pure, irréprochable, offrant en exemple à ceux qui le voyaient ou qui l'entendaient sa prudence et sa sincérité philosophique.

» Il ne fut d'aucune secte, mais il prit à chacune ce qu'il y trouva de bon.

» Le peuple et les magistrats de la terre avaient conçu pour lui l'admiration la plus profonde et ils ne cessèrent jamais de le regarder comme un être supérieur. »

Demonax était gai et il aimait plaisanter, et

c'était une raison de plus pour être apprécié par Lucien.

En résumé, Lucien eut sur ses contemporains une influence considérable, d'autant plus grande que ses idées s'accordaient avec le sentiment général. Il fut un philosophe pratique, sans théorie, comme Confucius, prêchant la morale de tout le monde, la doctrine du bon sens.

Ce qui fit la grandeur de son rôle, c'est qu'en brisant la foudre de Jupiter, en arrachant le masque des sophistes, il déblayait le terrain devant le christianisme qui marchait. Les Pères de l'Eglise le comprirent et puisèrent dans ses œuvres des arguments contre le paganisme ; au point qu'on a pu croire qu'il était chrétien. C'est une erreur, il n'a pas connu les chrétiens, ou les a mal connus, mais il a déterminé à la fois, le crépuscule des dieux et la faillite de la philosophie ; par là, sans le savoir, sans le prévoir, il a travaillé pour le Christ.

Il fut secondé par un talent d'écrivain d'une valeur exceptionnelle.

Ecoutez ce qu'en dit son savant traducteur, Talbot : « Doué d'une intarissable gaieté, qui éclate en saillies fines et sensées, d'un rare esprit d'observation, d'une connaissance profonde du cœur humain et de ses faiblesses, habile à manier l'ironie et la satire, Lucien ne charme pas seulement son lecteur par ce fond unique de qualités merveilleuses, il le captive par la beauté de sa diction, par le don qu'il a de peindre et d'animer les objets. Son style, pur et plein de goût, respire cet esprit attique, qu'on ne retrouve, avant lui, qu'aux plus beaux jours de la littérature grecque. »

J'ai donc voulu remettre en mémoire les œuvres de ce penseur délicat, qui eut la puissance et la grâce, la profondeur et l'ironie, qui sut parler gaiement des choses sérieuses et dont le style, à travers les âges, vient nous ravir, répondant à notre goût actuel, nous donnant l'impression de ce que nous disons être l'esprit français, faisant enfin de Lucien le plus Parisien des auteurs grecs.

LA PIÉTÉ FILIALE ET LE CULTE

DES

Ancêtres en Chine

PAR

M. Henri CORDIER

Confucius qui, jusqu'à nos jours, a marqué de sa forte empreinte personnelle la culture chinoise, fut moins un philosophe qu'un moraliste, moins un moraliste qu'un homme d'Etat. Génie essentiellement pratique, doué apparemment de peu d'imagination, Confucius n'a rien inventé; mais diligent étudiant des choses du passé, observateur minutieux des mœurs des différents milieux, il a recueilli les traditions des générations antérieures et noté les enseignements des événements qui se sont déroulés devant ses yeux ; il les a reproduits, analysés, parfois codifiés, dans les *King*, ou Livres canoniques qui, s'ils ne sont pas tous son œuvre directe, portent tous la marque de son influence, de sa doctrine et de son enseignement personnel. Il a donc créé ainsi un système de morale, surtout un système de gouvernement, système ayant pour base des règles bien déterminées qui révèlent peut-être leur caractère le plus simple et le plus intelligible dans le *Hiao King*, ou Livre de la Piété filiale.

Le caractère *Hiao* que l'on traduit par « Piété filiale », est formé de deux caractères, l'un signifiant « vieillard », l'autre signifiant « un fils », en sorte que suivant l'antique dictionnaire *Chouo wen*, publié en 100 ap. J. C., il représente à l'œil un fils portant un homme âgé, c'est-à-dire un enfant portant son parent. La piété filiale a été l'objet des entretiens de Confucius avec son disciple Ts'eng tseu ; tel était l'attachement de celui-ci pour ses parents, qu'un jour sa mère ayant besoin de lui et ne pouvant le faire prévenir de son désir, elle se mordit le doigt, et par un phénomène de télépathie anticipée, le jeune homme averti par une douleur subite, rentra chez lui ; il a mérité le surnom de *Tsoung Cheng* et, avec Yen Houei, Tsou-seu et Meng k'o, il est l'un des quatre « Assesseurs » de Confucius dans les temples. Il est probable que ces conversations sur la piété filiale n'ont été transcrites ni par Confucius, ni par son interlocuteur lui-même, mais que répétées par Ts'eng tseu à ses disciples, ces derniers les ont recueillies et classées, formant ainsi le livre canonique de second ordre appelé *Hiao King*, classique de la Piété filiale, qui ne comprend que 1.903 caractères.

Le *Hiao King*, comme les autres Livres classiques, a eu à souffrir de la proscription de l'empereur Ts'in Chi Houang-ti, au IIIe siècle avant notre ère ; reconstitué depuis, cet ouvrage a été l'objet de nombreux commentaires et de plusieurs éditions dont les plus typiques sont, sans doute, celles de l'empereur Hiouen Tsoung en 722 et de Se-ma Kouang au XIe siècle. Il a été traduit dans plusieurs langues étrangères, ainsi qu'on le pourra voir dans la *Bibliotheca Sinica.*

Le *Hiao King* de l'empereur Hiouen Tsoung, qui est celui qui a été traduit en anglais par le Rev. Dr. James Legge, comprend dix-huit chapitres. C'est, comme je l'ai écrit jadis[1], une

1. *Revue de l'Histoire des Religions*, III, 1881, p. 222.

étude complète de la piété filiale ; mais cette étude n'est nullement envisagée à un point de vue élevé ; elle est terre-à-terre, utilitaire, sans grandeur ; si le *Hiao King* n'a pas été écrit par Confucius, ni même par Ts'eng tseu, il n'en porte pas moins l'inspiration du célèbre moraliste chinois ; si le style même de ce livre permet d'hésiter sur le nom de son auteur, son caractère pratique le fait classer avec juste raison parmi les écrits de l'Ecole de ce Sage, dont le système a eu le plus de durée parce qu'il était une morale simple plutôt qu'une philosophie quintessenciée. La piété filiale n'est plus un sentiment naturel, spontané, grand, noble, aussi divin qu'humain, c'est un devoir parfaitement limité, parfaitement défini, envers ses parents, envers son souverain. C'est la source même de toutes vertus, et la première des vertus est la conservation de soi-même :

« Tout notre corps, jusqu'au plus mince épiderme et aux cheveux, nous vient de nos parents ; se faire une conscience de le respecter et de le conserver, est le commencement de la piété filiale. Pour atteindre la perfection de cette vertu, il faut prendre l'essor et exceller dans la pratique de ses devoirs ; illustrer son nom et s'immortaliser, afin que la gloire en rejaillisse éternellement sur son père et sur sa mère. La piété filiale se divise en trois sphères immenses : la première est celle des soins et des respects qu'il faut rendre à ses parents ; la seconde embrasse tout ce qui regarde le service du prince et de la patrie ; la dernière et la plus élevée, est celle de l'acquisition des vertus, et de ce qui fait notre perfection. » (Chap. I.)

Cette piété filiale n'est nullement la même pour tous ; elle varie suivant la classe ; elle n'est pas chez l'empereur ce qu'elle est chez les princes, les grands, les lettrés ou le peuple. Si le Fils du Ciel témoigne de son amour et de son respect extrême pour ses parents, il servira d'exemple à ses peuples pour honorer les leurs ; si les princes sont sans orgueil, quelque élevé que soit leur rang, ils ne tomberont pas ; ils doivent être économes, se garantir du luxe, tout en vivant avec dignité ; un premier ministre ne doit point s'écarter des lois des anciens empereurs, ni dans ses habits, ni dans ses discours, ni dans ses actions ; les fonctionnaires subalternes peuvent conserver leur dignité tout en étant fidèles et obéissants et en ne manquant point dans leur service à ce qu'ils doivent à leurs supérieurs : la piété filiale s'étend depuis l'empereur jusqu'au moindre des citoyens.

La piété filiale n'est plus ce sentiment simple d'amour de l'enfant pour ses parents, c'est un sentiment complexe qui comprend tous les sentiments, une vertu multiple qui renferme toutes les vertus, universelle, « embrassant tout depuis l'empereur jusqu'au dernier de ses sujets, ne commençant ni ne finissant à personne ».

Et Ts'eng tseu, émerveillé de s'écrier : « Que la grandeur de la piété filiale est immense ! » et le Sage de répondre : « Ce qu'est la régularité des mouvements des astres pour le firmament, la fertilité des campagnes pour la terre, la piété filiale l'est constamment pour les peuples. » (Ch. VII).

Au point de vue gouvernemental, la piété filiale, qu'on soit empereur, roi, prince, etc., consiste à bien traiter ses inférieurs. (Ch. VIII). — Lorsque Ts'eng tseu demande à son Maître s'il y a quelque vertu au-dessus de la piété filiale, Confucius lui répond que de même que l'homme est la plus noble production du Ciel et de la Terre, dans les actions de l'homme, rien n'est au-dessus de la piété filiale. (Ch. IX). — La piété filiale comprend cinq choses : témoigner à ses parents le plus profond respect ; leur procurer les aliments qui leur soient le plus agréables ; manifester la plus vive anxiété quand ses parents sont malades ; dans le deuil être frappé de désolation ; enfin dans les honneurs funèbres, marquer la plus profonde vénération. (Ch. X.) — A l'époque des Tcheou, c'est-à-dire à celle de Confucius, il y avait cinq sortes de supplices : 1o une marque noire qu'on imprimait sur le front ; 2o l'amputation du bas du nez ; 3o celle du pied ou du nerf du jarret ; 4o la castration ; 5o la mort ; ces cinq sortes de supplices s'appliquaient à trois mille espèces de crimes, mais, nous dit le *Hiao King*, aucun de ces crimes n'égale l'absence de piété filiale. (Ch. XI). — Ts'eng tseu pose la question de savoir si un fils qui obéit en tout à son père remplit les devoirs de la piété filiale et le Sage de rétorquer : comment une obéissance absolue à toutes les volontés du père peut-elle être considérée comme un devoir de la piété filiale, puisque le prince, le père, etc., doivent être avertis lorsqu'ils commettent des fautes ? (Ch. XV.) Il y a donc droit de remontrance.

Comme on le voit, rien de plus précis que les devoirs de la piété filiale ; et ce n'est pas seulement dans le *Hiao King* que vous les trouvez énumérés. Le rituel *Li-ki* à côté d'une pensée délicate : « Un fils rempli de piété filiale entend ses père et mère sans qu'ils lui parlent, et il les voit sans être en leur présence », nous donne les renseignements les plus circonstanciés sur le deuil, par exemple : « La rigueur du deuil ne doit pas aller jusqu'à trop s'amaigrir ou jusqu'à affaiblir ni la vue, ni l'ouïe... Si on a une blessure à la tête, on peut la laver ; si on est échauffé, on peut prendre le bain ; si on est malade, on peut manger de la viande et boire du vin ; mais on reprend les observances du deuil dès qu'on est remis ; les négliger, ce serait outrager la nature et abjurer la piété filiale. » Ceci est plein de bon sens.

Le dernier chapitre (XVIII) même du *Hiao King* donne les conseils les plus méticuleux sur la manière d'ensevelir les parents ; la conclusion cependant de ce livre de préceptes, de ce guide de la vie quotidienne, est élevée et se rapproche de nos idées sur la piété filiale :

« Honorer et aimer ses parents pendant leur vie, les pleurer et les regretter après leur mort, est le grand accomplissement des lois fondamentales de la société humaine. Qui a rempli envers eux toute justice pendant leur vie et après leur mort, a fourni en entier la grande carrière de la piété filiale. »

La piété filiale, telle que nous la dépeint le *Hiao King*, n'est plus le sentiment naturel qui se retrouve chez tous les peuples, le peuple chinois compris ; c'est une doctrine officielle. La piété filiale comme nous l'entendons est affaire individuelle ; elle n'a d'influence ni sur notre politique générale, ni sur nos croyances religieuses. A la Chine, au contraire, elle a transformé la nation en une vaste famille dont le chef est l'empereur ; elle est devenue la base d'un gouvernement qui n'a rien de chimérique, qui est réel et durable puisqu'il existe depuis des siècles. Dire qu'il existera longtemps encore, nous ne le pensons pas ; cependant nous pensons, malgré certains signes, qu'on ne peut, dès à présent, prévoir le terme d'un système qui a eu l'avantage de s'appuyer sur un sentiment simple et naturel à l'origine, au lieu d'avoir pour point de départ des théories creuses et artificielles, mais qui ne saurait tenir devant les idées nouvelles que les relations toujours croissantes avec les étrangers apporteront nécessairement. Ce dogme de la piété filiale, pivot de la machine sociale qui, dans l'ordre politique, a donné à la Chine son mode de gouvernement, devait forcément dans l'ordre religieux créer un culte spécial. Ce respect profond envers les parents, ces devoirs incessants, ces conseils sévères, ont nécessairement créé entre les parents et les enfants, toujours en théorie, une barrière immense. Les soins rendus aux morts se sont facilement transformés en un culte qui, perfectionné avec le temps, multipliant ses cérémonies, est devenu le culte des ancêtres. Et, de même que dans le gouvernement, le système a continué son fonctionnement quoique son origine soit aujourd'hui un peu oubliée, dans la religion, le dogme a fait place au cérémonial, et la pratique de la piété filiale s'est à peu près restreinte au culte rendu aux ancêtres.

Le Chinois possède une tendance à donner une forme particulière, en quelque sorte visible, à ses spéculations philosophiques ; avec les philosophes de la dynastie des Soung, de Tchou-hi en particulier, il a tiré de la morale de Confucius le *Jou-kiao*, ou Religion des Lettrés ; le spiritualisme et les profondes méditations de Lao-tseu ont été dégradés par le *Tao-kiao* ou Taoïsme ; la piété filiale a pris un caractère pratique avec le culte des ancêtres ; il est injuste de dire avec un auteur anglais : « Ancestral worship is filial piety gone mad[1] », mais il est juste de dire que ce culte dérive directement de la piété filiale. Il est nécessaire de donner ici quelques notions des idées des Chinois sur l'âme, et les circonstances de la mort.

Le premier des livres canoniques, des grands *King*, le *Yi king*, ou Livre des Changements, renferme la base de la philosophie chinoise. A l'origine, il y a un grand principe *Taï Ki*, grand absolu, grand extrême, auquel les philosophes de la dynastie des Soung, dont le chef fut le célèbre Tchou-hi (1130-1200 ap. J. C.), ajoutèrent le *Wou Ki*, c'est-à-dire l'absolu rien, l'infini. Le *Taï Ki*, animé par son souffle, crée le grand principe mâle *Yang;* ce dernier, dans son repos, donne naissance au principe femelle *Yin*. Lorsque ces deux principes mis en mouvement finissent par se reposer, ce qui se trouve en haut est le Ciel correspondant au *Yang*, ce

1. J. Dyar Ball.

qui reste en bas est la Terre correspondant au *Yin*. Puis, dans la suite de leur mouvement, on voit se former le soleil et la lune, les étoiles et les planètes, l'eau et le feu, les plantes, les minéraux, les hommes, les animaux, etc. Les lois qui régissent les mouvements sont au nombre de quatre : 1o *Ki*, le souffle de la nature, qui représente l'énergie ; 2o *Li*, les lois de la nature antérieures au *Ki ;* 3o *So*, qui donne les proportions numériques ; enfin pour rendre tangibles ces lois, les rendre matérielles, 4o *Ying*, la forme de la nature.

On a représenté ce système philosophique par des diagrammes. Quelquefois on s'est contenté des trois pouvoirs de la nature, *San-Tsaï :* Ciel, Terre, Homme, indiqué par un Δ. Les deux principes primitifs sont marqués, l'un par une ligne droite ——— qui correspond au *Yang*, par conséquent au principe mâle, à la lumière et au ciel ; l'autre par une ligne brisée — — qui correspond au *Yin*, par conséquent au principe femelle, aux ténèbres et à la terre. De ces lignes, on a déduit les huit trigrammes ou *Pa Koua*, dont l'invention est attribuée à Fou-hi, le premier des cinq souverains (2852-2738 av. J. C.).

Suivant l'ancienne philosophie chinoise, l'homme a deux âmes, nous dit De Groot :

1° Le *chen* ou âme immatérielle émane de la partie céleste éthérée du Cosmos, et se compose de la substance *yang* ; quand elle opère d'une manière active dans le corps humain vivant, elle est appelée *k'i* ou « souffle », et *hwun* ; quand elle en est séparée après la mort, elle vit comme un brillant esprit, désigné *Ming*.

2° Le *kouei*, l'âme matérielle, émane de la partie terrestre de l'Univers, et est formée de la substance *yin* ; quand l'homme vit, elle agit sous le nom de *p'o*, et à sa mort elle retourne à la Terre ; c'est donc le *kouei* qui est enseveli avec le corps, et le *chen* réside à l'entour de la tombe.

En réalité chacun des viscères a une âme à forme humaine, et quelques médecins attribuent à l'homme un nombre infini d'âmes ou de parties d'âmes, ou, comme ils le disent, « cent *chen* » qui, suivant l'âge, changent de place dans le corps ; d'ailleurs le foie, les poumons et les reins correspondent au printemps, à l'automne et à l'hiver comme à l'Est, l'Ouest et le Nord ; les âmes peuvent se séparer du corps, et même, par la magie noire, en être extraites, sans occasionner la mort nécessairement. Les esprits peuvent entrer en relation avec les vivants ; il y en a qui se vengent du mal qu'on leur a fait ; naturellement ils apparaissent aux hommes dans leurs rêves.

Quand un homme est sur le point de mourir, on convoque ses parents pour assister à ses derniers moments ; dès qu'on s'aperçoit que la fin est proche, on transporte le moribond de son lit sur des planches placées sur des tréteaux et il est couvert de la natte sur laquelle il était étendu ; on le lave et le rase et ses vêtements funéraires sont arrangés autour de lui, les souliers aux pieds, le chapeau à la tête, le pantalon et la robe à côté. Un silence religieux règne dans la salle, mais dès que le malade a rendu le dernier soupir, ses parents se répandent en bruyantes lamentations ; les yeux du mort sont fermés, et une fenêtre est ouverte pour permettre aux mauvais esprits, cause de la maladie, de fuir de la maison. Les parents les plus proches revêtent des vêtements grossiers et lavent le corps ; ce sont généralement les femmes qui se livrent à cette cérémonie. Une lumière et de petites poupées en papier qui représentent des serviteurs sont placées près du corps, et les enfants vont recueillir chez les voisins des cendres qui seront placées dans le cercueil ; le mobilier de l'appartement est enlevé ; du riz cuit, des légumes sont distribués sur une table à côté du défunt en même temps qu'une offrande de même nature est offerte à la divinité locale du sol ; enfin les parents et les amis viennent faire les visites de condoléances.

Puis le corps est revêtu de pantalons de toile ou de coton doublé d'une étoffe de soie blanche, de bas semblables et d'une blouse à larges manches qui descend jusqu'aux genoux ; par-dessus on ajoute des jaquettes, des robes, etc., comme en portait le défunt ; après l'habillement, une offrande de mets appelée *si cheng*, « adieu à la vie », a lieu pour montrer que la famille n'espère plus que le défunt revienne à la vie ; sur la table on place perpendiculairement une planchette de bois en forme de tronc de pyramide d'une dizaine de centimètres de hauteur, qui représente le corps et dans laquelle l'âme doit pénétrer grâce aux prières du bonze convoqué à cet effet. Un sacrifice d'une douzaine de plats, puis un envoi d'argent au défunt sous forme de monnaie de papier que l'on brûle, ont lieu plus tard.

Puis vient la réception du cercueil, *tsie-pan*,

porté par six ou huit coolies sur leurs épaules, accompagnés de musiciens ; dans le cercueil on jette des clous pour que les enfants et petits-enfants puissent avoir des héritiers mâles, puis une poignée de graines de chanvre et de pois, symbole d'une nombreuse postérité, puis du blé, du millet, etc., signe d'abondance ; on ajoute des débris de papier, puis le tout est couvert d'une planche percée de sept trous, correspondant aux étoiles de la Grande Ourse. Sur cette planche, on place un matelas de coupures de papier, puis une natte faite avec de la moelle de roseau, puis une natte ordinaire et un oreiller de bambou. Une poignée de sapèques, emblème de la possession de la fortune jusqu'après la mort, est placée dans les manches du défunt ; on a soin, d'ailleurs, d'enlever les sapèques avant les funérailles. Puis le corps est placé dans le cercueil avec les objets dont le défunt a fait usage dans ce monde et qui pourraient lui servir dans l'autre : tels que sa pipe, son pinceau, son encrier, la copie du brevet de son grade s'il est mandarin, etc. Enfin, on cale le corps avec des morceaux de chaux, de l'argent en papier, ou de simples morceaux de papier, puis on étend un drap blanc, puis un drap rouge plus petit, puis une grande et une petite paire de pantalons, bourrés de lingots de papier d'or et d'argent, puis les deux petits esclaves de papier dont nous avons déjà parlé, un miroir, ou à son défaut une rondelle de fer-blanc, puis une bande de toile grossière sur laquelle est dessinée à l'encre noire une figure mâle ou femelle suivant le cas ; puis on place le couvercle sur le cercueil, les parents se retirant à une certaine distance, ou dans une autre pièce, pour éviter que leurs ombres soient emprisonnées avec le corps du défunt dans sa dernière demeure.

Puis on devra choisir un jour favorable pour l'enterrement ; on envoie les cartes de deuil, puis aura lieu l'emmagasinage du cercueil en attendant son enterrement définitif, toutefois, il ne me paraît pas utile d'entrer ici dans le détail de toutes ces cérémonies. Je rappellerai qu'il y a cinq degrés ou cinq sortes d'habillement de deuil suivant la parenté ; que le blanc est la couleur du deuil en général, et le bleu la couleur du deuil impérial.

La durée du deuil varie suivant le degré de parenté, en voici les règles d'après le *Ta tsing lew lee*, code pénal de l'Empire :

Le deuil, pour les plus proches parents au

premier degré, sera porté pendant trois ans : l'habillement sera fait du chanvre le plus grossier et sans que les bords soient cousus.

Le deuil, pour les autres parents au premier degré, sera de trois ou de cinq mois : l'habillement sera fait d'un chanvre de moyenne grosseur, et bordé.

Pour les parents au second degré, le deuil sera porté pendant neuf mois : l'habillement sera fait de toile grossière.

Pour les parents au troisième degré, le deuil sera de cinq mois : l'habillement sera fait d'une toile de moyenne finesse.

Pour les parents au quatrième degré, le deuil durera trois mois et l'habillement sera fait d'une toile de moyenne grosseur.

Le deuil est porté pendant trois ans pleins :

Par un fils, pour son père ou sa mère ;

Par une fille, pour son père et sa mère, lorsqu'elle vit sous le même toit, quoiqu'elle soit fiancée, ou même mariée, ou si, étant divorcée, elle est renvoyée chez ses parents ;

Par la femme du fils, pour le père et la mère de son mari ;

Par un fils et sa femme, pour celle qui a succédé à la première femme de son père ; pour la femme de son père, ayant remplacé sa mère, et pour la femme de son père, qui l'a nourri ;

Par le fils d'une femme inférieure et par sa femme, pour sa mère naturelle, et pour la première femme de son père ;

Par un fils adoptif et sa femme, pour les père et mère qui l'ont adopté ;

Par un petit-fils et sa femme, pour ses grands parents paternels ;

Par une femme, principale ou inférieure, pour son mari.

Dans l'humble demeure du paysan comme dans la maison somptueuse du banquier, dans le misérable logis du coolie comme dans l'imposant yamen du mandarin, l'ancêtre est présent au foyer domestique, dans un cadre qui varie suivant la fortune, mais entouré partout de la même vénération. Les ancêtres sont représentés soit par une simple tablette, *chen tchou* ou *chen p'ai*, d'environ quinze centimètres de haut sur quatre de large, soit, chez les gens aisés, par une salle, *tsou miao*, où sont réunies et rangées par ordre chronologique les tablettes de tous les parents défunts ; ces salles sont plus ou moins richement ornées, suivant l'état de fortune du propriétaire ; les tablettes se trouvent toujours chez le fils aîné, souvent aussi chez la plupart des membres de la famille. Parfois, derrière la tablette, une cavité permet de recueillir des morceaux de papier portant les noms d'ancêtres éloignés ; tous les jours on brûle de l'encens et du papier devant les tablettes, en accompagnant la cérémonie de génuflexions.

On célèbre d'une manière générale le culte des ancêtres dans la première moitié d'avril, cent six jours après le solstice d'hiver, période appelée *tsing ming;* toute la population se rend en famille aux cimetières, portant les objets nécessaires aux libations et aux sacrifices, le papier et l'encens pour être brûlés ; les tombes sont réparées et nettoyées ; il existe, comme on le voit, une grande ressemblance entre cette cérémonie et les visites que l'on fait dans nos pays dans les cimetières le jour de la Toussaint ou le jour des Morts. Les prières terminées, trois morceaux de gazon sont placés à l'avant et à l'arrière de la tombe pour maintenir des flots de papier rouge et blanc qui flottent au vent, indiquant que les rites ont été accomplis.

Comme on le voit, ce culte est simple ; il réunit également toutes les classes de la société, toutes les sectes religieuses de l'Empire, qu'elles soient confucianistes, bouddhistes ou taoïstes ; on peut donc dire avec raison que tout en n'étant pas comprise dans les *San-kiao*, les trois religions d'Etat, elle est la principale religion de la Chine. C'est le plus sérieux ennemi que rencontre le prosélytisme chrétien ; car le culte des ancêtres étant la base même de la société, le christianisme représente, en dehors du principe religieux, un aspect révolutionnaire et subversif. On a essayé de tourner la difficulté en disant que le culte des ancêtres ne consistait qu'en hommages rendus à la mémoire des parents défunts. Mauvaise foi ou erreur ! Le culte des ancêtres est une religion, une véritable religion, avec des cérémonies parfaitement précises et c'est ainsi que l'a compris le Saint-Siège.

Le célèbre Matteo Ricci, grâce à ses succès de prédication, à sa connaissance des mathématiques, et aux amitiés qu'il avait su s'attirer, avait pu s'installer à Pe-king, où il mourut le 14 mai 1610, ayant jeté les bases de la mission si célèbre aux deux derniers siècles. Ricci, avec l'habileté essentiellement pratique de la Compagnie de Jésus, avait immédiatement compris que, dans un pays, la religion officielle n'est qu'un code moral, base même du gouvernement ; il fallait savoir concilier les exigences du christianisme avec le culte rendu à Confucius et aux ancêtres. Aussi voyons-nous ses successeurs, qui, en théorie, ne partageaient pas tous sa manière de voir, témoin le Père Longobardi, suivre néanmoins sa tradition et arriver à gagner les bonnes grâces des empereurs. Les choses changèrent avec l'arrivée des dominicains et des franciscains dont l'intolérance fut le point de départ de la fameuse querelle connue sous le nom de *Question des Rites chinois* à laquelle ne tardèrent pas à s'ajouter les difficultés de la nomination des évêques, des luttes des jansénistes et des jésuites, de la querelle de la Bulle *Unigenitus*, du protectorat des missions par le Roi de Portugal, etc. Ce n'est pas ici le lieu de raconter cette fameuse question des rites qui fut enfin réglée d'une façon définitive le 11 juillet 1742 par la Bulle de Benoît XIV *Ex quo singulari;* en pratique, il en résultait ceci : que tous les missionnaires qui allaient en Chine, à quelque congrégation qu'ils appartinssent, devaient prêter le serment de regarder comme idolâtrique tout hommage rendu à Confucius et aux ancêtres, et de n'employer qu'un seul terme, celui de *T'ien-tchou*, pour désigner l'Etre suprême. Les jésuites étaient défaits ; mais le triomphe de leurs adversaires était sinon la ruine, du moins l'arrêt complet des progrès du christianisme en Chine. Benoît XIV, pontife d'une intelligence remarquable, théologien éminent, avait raison au point de vue du dogme, quoique l'hommage rendu aux Saints et aux Morts dans l'Eglise catholique ressemble singulièrement au culte rendu en Chine aux ancêtres défunts ; mais, comme il n'avait qu'une connaissance théorique du Céleste Empire, il avait commis, et l'événement l'a prouvé depuis, il avait commis une faute qui ne saurait être réparée qu'en annulant sa Bulle, ce qui est facile pour l'un de ses successeurs, témoin les décrets contradictoires d'Innocent X, d'Alexandre VII, de Clément IX, d'Innocent XII, de Clément XI, de Clément XII et de Benoît XIV.

Mais revenons à la piété filiale. Nous ne voudrions pas abandonner ce sujet sans répéter que nous ne l'avons jusqu'à présent considérée que comme dogme officiel, base du gouvernement, origine du culte des ancêtres. Il serait injuste de ne pas dire que la pratique de la piété filiale est en grand honneur à la Chine. Non pas que dans ce vaste empire les fils soient plus respectueux que ceux d'autres pays pendant la vie de leurs parents ; il semblerait même que l'exagération de ce sentiment ne commence à se manifester qu'après la mort des principaux intéressés. Mais les traits de piété filiale sont fort nombreux, et des ouvrages spéciaux les recueillent avec soin. Le Père Cibot en a mentionné un grand nombre dans les *Mémoires concernant les Chinois*, IV, pp. 168 et seq., ainsi que M. Dabry de Thiersant dans son petit volume *La Piété filiale en Chine* (Paris, 1877). On rencontre dans les villes et les campagnes, des arcs de triomphe appelés *p'ai leou*, élevés aussi bien à la mémoire de jeunes filles dévouées à leurs parents qu'à des veuves éplorées qui n'ont pu survivre à leur époux. L'un des traits de piété filiale le plus connu en Chine est celui qui accompagna la fonte de la grosse cloche, placée à Pe-king dans une tour construite en 1410, par l'empereur Yong-lo. La fonte ne devait réussir, suivant les augures, que s'il entrait dans la composition de l'alliage le sang d'une vierge, et la fille du fondeur, pour sauver la vie de son père, se précipita dans la masse des métaux en fusion. L'opération réussit admirablement et lorsqu'on sonne la cloche, celle-ci répond par un son plaintif.

Mais voici un fait relativement récent, tel que le note le célèbre Li Hong-tchang :

« Une autre affaire. Lin Chou, contrôleur des droits sur le sel à Tch'ang lou, et d'autres, signalent la piété filiale d'une femme nommée Ma K'ing-ts'ouei, fille de Ma Tzeu-ou, qui est originaire du Houai-gning-hien dans le Mgan-houei et attend une place de préfet en second, et nièce du préfet de Tien-tsin Ma Cheng-ou, qui est frère de Ma Tzeu-ou par son père et par sa mère. Au temps ordinaire, elle a été fiancée dans le Tcheu-li à Fang Tch'oung-jenn, aspirant à une place de contrôleur des droits sur le sel, et fils de Fang Pao-chen, qui aspire à une place de sous-préfet. K'ing-ts'ouei, naturellement portée à la piété filiale, a aidé ses parents avec le plus entier dévouement.

» Ne pouvant travailler et souffrir pour eux autant qu'ils avaient travaillé et souffert pour elle, souvent elle demandait au Ciel de retrancher du nombre de ses années pour ajouter à la vie de ses parents. En 1872 et en 1874, son père et sa mère tombèrent gravement malades successivement. K'ing-ts'ouei leur présentant elle-même les potions, les servit jour et nuit pendant longtemps sans se lasser.

» Bien plus, elle se perça la cuisse pour leur donner son sang (ou sa chair) dans un breuvage. C'est certainement à cette invention de sa piété filiale que ses parents ont dû leur guérison. Mais elle n'a pas atteint l'époque de ses noces. Dans le cours du neuvième mois de la première année de Kouang siu, elle est morte de maladie, à l'âge de vingt-et-un ans. Le contrôleur des droits sur le sel, et d'autres, après avoir bien constaté les faits, m'ont écrit une lettre commune, et se fondant sur des précédents, m'ont prié d'informer la Cour.

» Je vois que dans toutes les provinces les fils et les filles qui, par affection envers leurs parents, se percent la cuisse pour les guérir, reçoivent toujours des distinctions honorifiques ; les archives en font foi. Or Ma K'ing ts'ouei, par amour envers ses parents, s'est percé deux fois la cuisse pour leur rendre la santé. Elle a montré une vertu héroïque.

» Je crois devoir vous prier de permettre qu'un monument ou une inscription perpétue le souvenir de sa piété filiale. J'ai fait recueillir les documents, les attestations ; j'ai informé le Tribunal des rites et le gouverneur du Ngan-houei. En outre, je prie humblement l'Impératrice-régente et l'Empereur de lire cette note, et de donner leurs instructions. Note additionnelle adressée à la Cour. »

» Le grand Conseil a reçu la réponse suivante :

« Nous autorisons la distinction honorifique demandée. Que le Tribunal des rites en soit informé. »

« Respect à ceci. »[1]

Mais, dira-t-on, dans ce pays où la piété filiale est tenue en si grand honneur, il ne peut y avoir place pour l'infanticide ? Quel rôle peut jouer dans ce pays si vertueux, cette Sainte-Enfance qui, nous disait-on dans notre jeunesse, quand on nous demandait un petit sou pour son Œuvre, rachetait les petits enfants qu'exposaient des parents dénaturés dans les rues pour y être dévorés par les animaux errants et en particulier par les pourceaux ? Avec juste raison l'on n'accorde plus la moindre créance à cette légende. Que par suite de circonstances exceptionnelles, des enfants aient été abandonnés aux hasards de la rue, c'est chose possible et même

1. S. Couvreur, *Choix de Documents*, 1894, p. 151.

très vraisemblable, mais d'un fait ou même de faits isolés, on ne peut tirer de conclusions générales. Il y a une coutume qui peut avoir donné une apparence de vérité à l'histoire des enfants exposés aux animaux : on trouve aux environs d'un grand nombre de villes, par exemple sur le chemin qui conduit de la route française de Siu Kia-weï à la porte Sud de Chang-Haï, des tours soit circulaires, soit octogonales, hautes d'environ trois mètres, construites de pierres ou de briques, dans lesquelles on jette les cadavres des enfants morts-nés. Il existait jadis dans les cagnards de l'Hôtel-Dieu, à Paris, un puits dit de Saint-Landry, qui servait au même usage. Qu'il se glisse parfois au milieu de ces cadavres un pauvre petit malheureux encore vivant, c'est probable, mais soyez assuré que la victime sera une fille et non un garçon. Les Chinois possèdent même des orphelinats.

Et cependant telle est la nature humaine que l'infanticide existe en Chine, aussi répandu que dans les pays occidentaux : les décrets nombreux de gouverneurs de provinces afin de le réprimer en sont la meilleure preuve. J'ai devant moi une longue liste de requêtes et d'édits relatifs à l'infanticide en Chine, qui s'étend depuis le premier empereur de la dynastie actuelle Chouen-tche (1644), jusqu'au dernier empereur Kouang-siu ; elle est singulièrement édifiante.

Règne de Chouen-tche, 1644-1662. — Requête du censeur impérial Wei-i-Kiai contre la coutume de l'infanticide, qui règne dans les provinces du Kiang-sou, du Ngan-hoei, du Kiang-si et du Fou-kien, 1659. Edit impérial de Chouen-tche.

Règne de Kang-hi, 1662-1723. — Proclamation de Ki-eul-hia, préfet de Yen-tcheou, dans le Tché-kiang : « Le Parfait bonheur des peuples ». — Projet d'un Hôtel de miséricorde. — Edit portant défense de noyer les petits enfants.

Règne de Yong-tcheng, 1723-1736.

Règne de Kien-long, 1736-1796. — Requête de Ngeou-yang-yun-ki, grand-juge du Kiang-si, confirmée par l'empereur en 1772. — Edit publié par Kien-long, en 1773. — Proclamation de Chen, trésorier général du Kiang-sou, 1785.

Règne de Kia-king, 1796-1820. — Requête de Ou-sing-king, lettré du Ngan-hoei, 1815, Edit impérial de Kia-king. — Proclamation de Pé-ling, vice-roi du Kiang-nan.

Règne de Tao-Kouang, 1820-1851. — Proclamations de Chen, gouverneur du Tché-kiang, en 1825 ; de Ki, lieutenant-gouverneur du Koang-tong, en 1838. Brochure contre l'infanticide, répandue dans le Hou-pé, le Hou-nan, et le Koang-tong, en 1843. Edit impérial de Tao-Koang, en 1845. — Proclamation du grand-juge du Koang-tong, en 1848. Chen-yen-king, sous-préfet de Po-yang.

Règne de Hien-founq, 1851-1862. — Proclamations d'un mandarin de Choui-tcheou-fou, au Kiang-si, en 1852, et d'un magistrat de Tang-tcheou, dans le Ho-nan vers l'année 1861.

Règne de T'ong-tche, 1862-1875. — Proclamations des mandarins de Fou-tcheou au Fou-kien, et de Kia-yng-tcheou, au Koang-tong, en 1866. — Edit des impératrices régentes, en 1866, contre l'infanticide commis au Koang-tong, au Fou-kien, au Tché-kiang, au Chan-si. — Proclamations de Yn, Tao-taï de Chang-haï ; de Puo-ien-huon, gouverneur du Fou-kien en 1866 ; de Zen-koué-kieng, gouverneur du Hou-pé ; de Wang, trésorier général du Kiang-sou, en 1867 ; de Yang, gouverneur du Tché-kiang, en 1872 ; de Chen, Tao-taï de Chang-haï ; de Tchang, vice roi des deux Kiang ; de Ling, légat impérial au Hou-pé, en 1873 ; du sous-préfet maritime de Chang-haï, en 1874.

Règne de Koang-siu, 1875. — Proclamations de Chen, sous-préfet maritime de Chang-haï, en 1875, et des mandarins de Fou-tcheou en 1876 et en 1877. — Proclamation du sous-préfet de Han-yang-hien, reproduite par le « Chen-pao » dans son numéro du 15 février 1878.[1]

J'extrais d'un Avis publié en 1885, par K'ouai, trésorier général de la province de Hou-pé, pour défendre sévèrement de noyer les petites filles, et protéger ainsi la vie humaine, quelques passages intéressants :

« Rien ne doit être plus respecté que la vie humaine, et rien de plus innocent qu'un enfant nouveau-né. Quelle tendresse, quelle sollicitude une mère ne doit-elle pas avoir pour sa fille ! Que des femmes, aussitôt après avoir mis au jour le fruit de leurs entrailles, traitent d'une manière inhumaine leur propre chair ; qu'elles aillent jusqu'à porter sur leurs filles des mains violentes ; que des mères se transforment en bêtes féroces, c'est la coutume la plus barbare qui se puisse jamais introduire. Dans leur sotte ignorance, elles disent toutes que si elles ont trop de filles, leurs ressources ne suffiront pas

1. Liste d'après le P. Gabriel Polatre, *L'Infanticide et l'Œuvre de la Sainte-Enfance en Chine*, Chang-haï, 1878, in-4.

pour les nourrir et les élever ; ou bien, dans leur extrême désir d'avoir des garçons, elles craignent que l'allaitement des filles ne rende la conception ou la gestation difficile ; ou bien encore, elles craignent de ne pouvoir leur fournir leur trousseau de noces.

» Elles ne savent pas que toutes les sous-préfectures de la province ont des orphelinats, qui reçoivent et nourrissent les enfants des familles pauvres, garçons et filles. Si leur indigence les empêche d'allaiter et de nourrir leurs enfants, elles peuvent toujours les donner aux orphelinats, ou permettre à d'autres personnes de nourrir les filles pour en faire leurs filles adoptives ou leurs belles-filles. Par ces moyens, elles peuvent conserver la vie à leurs enfants. Quant au trousseau, s'il est en rapport avec la condition de la famille, quand même la jupe serait faite de toile, et l'épingle de tête faite de bois, il est convenable. On voit certainement dans le monde des jeunes gens pauvres qui ne peuvent jamais se marier ; on n'a jamais entendu dire qu'il y eût des filles pauvres qui ne parvinssent jamais à s'établir.

» D'ailleurs le Ciel aime à restituer. Les filles qui ont été noyées, renaissent ; et elles renaissent filles. Le Ciel veut leur donner le jour, et l'homme veut leur donner la mort. Or celui qui résiste au Ciel se perd ; celui qui se rend coupable d'homicide, est puni de mort. L'outrage appelle la vengeance. La mère coupable n'obtiendra pas la prochaine naissance d'un garçon ; même il est à craindre qu'il ne lui survienne des malheurs extraordinaires.

» En outre, d'après les lois, la mère qui noie sa fille, doit, comme le père qui tue volontairement son fils ou son petit-fils, être punie de soixante coups de bâton et d'un an d'exil. Le parent, le voisin, l'associé, qui, prévoyant le crime, ne l'a pas empêché, encourt aussi un châtiment. Quelle n'est pas la sévérité des lois ! Bien des fois déjà nous avons publié des explications, des avertissements, des défenses. Cependant, la coutume de noyer les filles n'a pas encore pu être abolie. Cela vient surtout de ce que les officiers et les notables négligent leur devoir. La plupart des filles du peuple qui se marient, ne pensent qu'à la vanité. Parfois on en punit une ou deux d'après la loi. Peu à peu, avec le temps, on se joue de la vie humaine. »[1]

1. Couvreur, *l. c.*, pp. 64, 65.

On voit par suite qu'il y a place en Chine pour l'œuvre de la Sainte-Enfance.

Des esprits prévenus par des rapports inexacts ou qui n'avaient pas compris la question, voire de mauvaise foi, ont vivement et à tort critiqué cette institution, qui rend les plus grands services à la cause de l'humanité et de la civilisation.

Mais ce sou que l'on souscrit pour le rachat des petits Chinois ? Il n'est pas perdu et remplit son office. Allez chez les Lazaristes à Tinghaï, dans les îles Chousan, qui est le chef-lieu de la Sainte-Enfance, chez les Dames auxiliatrices des Ames du Purgatoire à Siu-Kia-weï, ou bien encore chez les Sœurs italiennes à Han-K'eou, et vous y trouverez la réponse ; vous y verrez une multitude d'enfants rachitiques, estropiés, difformes ; nous avons vu une salle entière de petits aveugles — dont les parents étaient trop heureux de se débarrasser. Les familles pauvres cèdent quelquefois aussi les enfants, généralement les filles, que leurs minimes ressources ne leur permettent pas d'élever.

J'ai essayé de retracer sommairement la question de la Piété filiale en Chine ; je crois n'avoir oublié aucun des points qui pouvaient intéresser des auditeurs français, et je m'estimerai heureux si j'ai réussi dans la tâche agréable que j'avais accepté de remplir.

THÉKLA

PAR

M. S. REINACH

Parce que le prénom de Thékla est beaucoup plus répandu en Allemagne qu'en France (la Thékla du *Wallenstein* de Schiller y est pour quelque chose)[1], on s'imagine volontiers que ce prénom est germanique. Il n'en est rien : *Thekla* est purement grec. C'est une forme abrégée de *Theokleia*, comme qui dirait « la gloire de Dieu ». Dans la légende dont nous allons parler, Thékla a pour mère une dame grecque nommée Théokleia.

Pendant les dix premiers siècles de l'Eglise, peu de saintes ont été aussi célèbres que Thékla[2]. On l'a qualifiée de « première martyre »,

1. J. Gwynn, art. *Thecla* dans *Dict. of Christian biography*, p. 895.

2. Voir les témoignages dans Lipsius, *Apokryphe Apostelgeschichten*, t. II, I, p. 424 et suiv.

d' « égale aux apôtres » ; l'expression même de *vierge martyre*, qui est restée dans notre vocabulaire, a été appliquée d'abord à sainte Thékla [1]. On a écrit sa vie, son éloge en prose et en vers, dans toutes les langues de la chrétienté ; on a construit de nombreuses églises sous son nom, en Orient surtout, mais aussi en Italie et en Espagne [2]. Si elle est un peu oubliée aujourd'hui, cela tient à ce que Jacques de Voragine, dans le recueil dit la *Légende dorée*, n'a pas fait de place à la biographie de la sainte, et cela, sans doute, parce qu'à l'époque où il écrivait (1298), la vaste littérature relative à Thékla restait enfouie dans les bibliothèques. C'est en 1698 seulement qu'on publia un opuscule, intitulé tantôt les *Actes de Paul et de Thékla*, tantôt la *Passion de Thékla* ou encore autrement [3]. Il existe de cet écrit des rédactions fort différentes en grec, en latin, en syriaque, en arménien, en arabe, en vieux-slave, qui ont été étudiées surtout dans la seconde moitié du XIXe siècle. En 1897, un savant allemand, M. Schmidt, découvrit,

1. Par saint Augustin et saint Jean Chrysostome (Tillemont, *Mémoires*, t. II, p. 63).

2. J. Gwynn, *l. l.*, p. 894.

3. Voir la bibliographie des éditions dans Lipsius, *Acta Apostolorum*, *Proleg.*, p. XCIX.

dans un lot de manuscrits coptes apportés d'Egypte à Heidelberg, une traduction copte de cet épisode, faisant partie d'un ouvrage beaucoup plus considérable qui avait disparu depuis treize siècles, les *Actes de Paul*[1]. Il fut ainsi démontré que l'histoire de Thékla n'était qu'un chapitre d'un long travail, ou, du moins, qu'elle avait été *insérée* dans un gros livre ; ce chapitre seul, à l'exclusion du reste, avait trouvé beaucoup de traducteurs et de copistes, à cause de son intérêt romanesque et sans doute aussi des qualités littéraires qui lui assignent le premier rang parmi les écrits non canoniques de l'ancienne Eglise.

Avant de chercher à en préciser le caractère et la date, il faut que je vous donne un résumé de l'histoire de Thékla d'après les *Actes*. Je prends pour base le texte arménien, traduit en anglais par M. Conybeare[2] ; ce texte est lui-même la traduction d'un texte syriaque, plus

1. Voir P. Corssen, *Die Urgestalt der Paulusakten*, dans *Zeitschrift für neutestamentliche Wissenschaft*, 1903, p. 22 et suiv.; du même, *Der Schluss der Paulusakten*, *ibid.*, 1905, p. 317 et suiv. La publication de C. Schmidt date de 1904 : C. Schmidt, *Acta Pauli*, *Uebersetzung*, *Untersuchungen und Koptischer Text*, Leipzig. Le texte est mutilé et dans un état déplorable.

2. F. C. Conybeare, *The Armenian Apology, und other monuments of early christianity*, Londres, 1896, p. 61 et suiv.

ancien que les textes syriaques qui nous restent. Je laisse absolument de côté les textes grecs, profondément remaniés et interpolés [1]; j'aurai l'occasion de vous parler d'un texte latin de bonne qualité, dont quelques pages ont été découvertes récemment à Brescia.

Aux chapitres 13 et 14 des *Actes des Apôtres*, ouvrage rédigé, sous sa forme actuelle, vers l'an 90, il est raconté que saint Paul et Barnabé, obligés de quitter Antioche de Pisidie, où ils prêchaient dans la synagogue juive et aux païens, à cause de l'hostilité des « femmes dévotes et de qualité », se rendirent à Iconium, cité importante de Lycaonie, aujourd'hui Koniah en Asie Mineure, d'où une émeute des païens et des juifs les contraignit à fuir [2]. Cela se passait vers 49 après l'ère chrétienne. C'est à ce moment que se place l'histoire de Thékla. Mais le narrateur de cette histoire ne connaît ni Barnabé ni les juifs, et, tandis que les *Actes* authentiques résument en quelques lignes le séjour de Paul à Iconium, l'auteur anonyme, comme vous allez

1. Le texte grec, publié en dernier lieu par Lipsius (*Acta apocrypha*, I, p. 235 et suiv.), a été traduit en anglais par Walker, *Apocryphal Acts*, Edimbourg, 1890, p. 279-292.

2. Voir Renan, *Origines*, t. III, p. 39.

le voir, entre dans beaucoup plus de détails.

Paul, fuyant Antioche, arrive auprès d'Iconium en compagnie de deux faux frères, Démas et Hermogène, qui s'étaient attachés à lui pour lui nuire[1]. Un homme pieux, nommé Onésiphore[2], avait entendu dire que Paul venait à Iconium ; il alla à sa rencontre sur la route et le reconnut grâce à un signalement qu'il tenait de Titus, païen converti et ami de Paul. Suivant cette description, l'apôtre était de taille moyenne, avec des cheveux bouclés, de petites jambes cagneuses, des yeux bleus, de grands sourcils qui se rejoignaient, un long nez ; parfois il avait l'air d'un homme comme les autres et parfois d'un ange[3]. Ce dernier trait est peut-être ajouté ; mais le portrait de l'apôtre est si peu flatté, si peu banal, qu'on peut le considérer comme authentique ; il dérive du récit d'une personne qui a vu

1. Dans la 2e épitre de Paul (?) à Timothée, où il est question des persécutions que l'apôtre a essuyées à Antioche et à Iconium (III, 11), Hermogène (I, 15) et Démas (IV, 10) sont nommés comme s'étant détournés de lui.

2. Nommé deux fois dans la 2e épitre à Timothée, I, 16 et IV, 19. L'apôtre le loue de sa fidélité, contrastant avec la conduite d'autres Asiatiques; il envoie son salut à « la famille d'Onésiphore ».

3. Il y a beaucoup de variantes à ce sujet dans les textes; voir Corssen, *l. l.*, 1903, p. 37.

Paul, ce qui lui donne, à nos yeux, une très grande valeur.

Onésiphore reconnaît Paul, il l'embrasse, il l'invite à venir loger chez lui avec ses compagnons. A peine entrés, ils s'agenouillent, puis ils se relèvent et brisent du pain, c'est-à-dire mangent un modeste repas après la prière. Immédiatement, dans la maison d'Onésiphore qui tient lieu d'édifice du culte, Paul commence à prêcher sur la chasteté et la résurrection, deux idées connexes puisque, dans l'opinion de beaucoup de chrétiens des premiers siècles, les chastes seuls, hommes et femmes, devaient ressusciter. Ces discours attiraient dans la maison un grand concours de fidèles et de curieux.

Dans la maison voisine habitait Thékla, fille d'une veuve de bonne famille nommée Théokleia ; elle avait un fiancé nommé Thamyris. Assise à la fenêtre voisine du toit[1], Thékla écoutait avec ravissement les discours de Paul sur la chasteté. Mais elle ne pouvait voir l'apôtre et enviait les femmes qui entraient librement chez Onésiphore. La mère, inquiète de l'état d'esprit de sa fille, fit venir le fiancé, qui lui dit en

1. Les versions diffèrent sur ce détail; voir Corssen, *l. l.*, 1903, p. 30.

vain de douces paroles ; mais ni lui ni sa mère ne purent rien obtenir de Thékla, qui continuait à n'écouter que Paul et en avait perdu, depuis trois jours, le manger, le boire et le sommeil.

Thamyris, furieux, alla se poster devant la maison d'Onésiphore et, apercevant Démas et Hermogène qui en sortaient, il leur demanda : « Qui est donc cet homme qui captive les jeunes gens et les jeunes filles et leur ordonne de ne pas se marier ? » Puis il leur offrit de l'argent et un dîner somptueux pour les gagner à sa cause. Les traîtres lui conseillèrent d'aller trouver les magistrats et de leur dénoncer ce prédicateur « qui sépare les jeunes gens des jeunes filles et enseigne qu'on ne peut ressusciter des morts à moins de rester chaste ». Dans le manuscrit latin de Brescia, ce n'est pas des jeunes filles, mais des femmes mariées qu'il est question[1]. En effet, les mœurs grecques n'auraient guère permis à des jeunes filles d'entrer dans une maison pour y entendre prêcher et l'on a supposé avec vraisemblance que, dans la plus ancienne rédaction de cette histoire, Paul ne se contentait pas de prêcher la chasteté aux

1. Voir Corssen, *l. l.*, 1903, p. 28. L'arménien aussi (Conybeare, p. 87) appelle Thamyris le *mari* de Thékla.

jeunes gens, mais détournait les jeunes mariés de tout ce qui n'était pas la vie spirituelle.

Levé avec l'aurore, Thamyris s'assura du concours des sénateurs et de leurs gardes armés, entra dans la maison d'Onésiphore et somma Paul de l'accompagner chez le magistrat. « Enlevez le sorcier ! criait la foule, car il a corrompu nos femmes en leur enseignant une doctrine étrangère. » Le magistrat était un homme bienveillant ; il interrogea Paul sur ses opinions et écouta sa profession de foi. « Dieu, dit Paul, m'a envoyé pour sauver les hommes de la destruction et les purger de leurs désirs qui donnent la mort. » Le magistrat ordonna de conduire Paul en prison, se réservant de l'interroger plus tard à nouveau.

Thékla, instruite de ces choses, sortit de chez elle à la tombée de la nuit, après avoir donné son bracelet au portier pour le corrompre ; puis elle courut à la prison et se fit ouvrir la geôle en donnant au geôlier son miroir d'argent[1]. Elle s'assit aux pieds de l'apôtre et écouta ses paroles ; de temps en temps elle baisait ses pieds

1. Sur ce détail archéologique, voir E. Le Blant, *Annuaire des Études grecques*, 1877, p. 264.

et les chaînes qui retenaient ses pieds et ses mains.

Le lendemain matin, toute la maisonnée de Thékla se mit à sa recherche. Enfin, un homme vint dire qu'il l'avait vue sortir en donnant au portier son bracelet. Le portier, mis à la torture, avoua qu'elle était partie vers la geôle ; on l'y retrouva, avec d'autres qui étaient entrés déjà, aux pieds de l'apôtre.

Thamyris prévint le magistrat, qui fit comparaître Paul. Thékla se jeta par terre et pleura amèrement ; bientôt on vint la chercher à son tour. Aux questions du juge, Thékla ne répondit point ; elle ne pouvait détacher ses yeux de Paul. Mais la mère de Thékla hurlait : « Il faut faire périr cette fille en plein théâtre, pour servir d'exemple aux autres femmes ! » Le juge, fort ennuyé, ordonna que Paul serait passé par les verges et expulsé de la ville ; quant à Thékla, elle devait être brûlée vive sur-le-champ.

Cet épisode de Thékla condamnée au bûcher, à la demande de sa propre mère, se trouve dans tous les textes connus ; il est manifestement inadmissible, d'abord parce qu'il n'y a aucune proportion entre la faute et la peine, et puis parce que le droit romain ne permettait pas de condamner au feu des personnes de condition élevée. En principe, la peine du feu, considérée comme une application de la loi du talion, était réservée aux incendiaires ; c'est comme prétendus incendiaires que Néron, en 64, fit brûler des chrétiens et des juifs dans ses jardins. Mais c'est là, en dehors des miracles, la seule impossibilité absolue de cette histoire ; il faut admettre ici une très ancienne interpolation[1], la substitution d'une peine atroce à quelque légère pénitence publique, imposée à la fille rebelle par le magistrat.

Thékla, amenée presque nue dans le théâtre, cherche des yeux saint Paul. Elle croit l'apercevoir vis-à-vis d'elle ; mais ce n'était pas le saint ; c'était Jésus lui-même qui avait pris les traits de l'apôtre pour la consoler. Pendant qu'elle le regardait fixement, il s'éleva de terre et monta au ciel. Entre temps, jeunes gens et femmes accumulaient des fagots autour de Thékla et y mettaient le feu. Mais tout à coup un grand bruit se fit entendre dans le ciel ; la pluie et la grêle commencèrent à tomber, beau-

1. Voir Conybeare, *l. l.*, p. 57. Dans un fragment d'homélie du IVe siècle, attribué à saint Jean-Chrysostome (Migne, t. II p. 746), l'histoire de Thékla est racontée *sans cet épisode*.

coup de spectateurs furent frappés et prirent la fuite ; bref, Thékla fut sauvée.

Paul s'était réfugié, avec Onésiphore, sa femme et ses fils, dans une petite maison[1] sur la route d'Iconium, où ils jeûnaient et priaient. Au bout de plusieurs jours de jeûne, comme les enfants souffraient de la faim, Paul donna sa tunique à un jeune homme et le pria d'aller la vendre pour acheter du pain. Ce jeune homme, se rendant à la ville, rencontra Thékla ; sauvée du bûcher, elle avait pris la fuite et cherchait Paul. Conduite en sa présence, elle le trouva agenouillé et priant le Seigneur de sauver Thékla. « Merci, mon Père, s'écria la jeune fille, puisque tu as eu pitié de moi et as permis que je fusse sauvée pour revoir Paul ! » Ce fut une joie générale ; bientôt le jeune homme revint avec cinq morceaux de pain, des légumes, du sel et de l'eau. Thékla dit à Paul : « Je veux couper mes cheveux et te suivre partout. — Non, dit Paul, tu es trop belle, tu ne serais pas en sûreté. — Baptise-moi seulement, insista la jeune fille, et le sceau du Christ écartera de moi les tentations. — Sois patiente, répondit Paul, tu obtiendras plus tard

1. Un tombeau, suivant les textes grec et syriaque.

ce que tu désires. » Sur quoi Paul renvoya Onésiphore et les siens à Iconium ; mais, prenant Thékla par la main, il la conduisit avec une escorte à Antioche[1].

Comme ils entraient dans cette ville, un des principaux citoyens, nommé Alexandre, aperçut Thékla et s'éprit d'elle à première vue. Il offrit à Paul beaucoup d'or et d'argent s'il voulait lui faire connaître la jeune fille. « Je ne la connais pas moi-même, répondit Paul ; elle n'est pas des miens. » Alors Alexandre, dont la passion était excitée, enlaça Thékla au milieu de la place du marché et l'embrassa. Mais Thékla était aussi forte que belle ; déchirant les vêtements d'Alexandre, elle arracha de sa tête la couronne d'or où était l'image de l'empereur et la jeta par terre, laissant le pauvre amoureux plein de confusion. Le détail de la couronne avec l'effigie impériale prouve qu'Alexandre était un magistrat dans l'exercice de ses fonctions, ce qu'on

1. Le texte arménien porte : « Paul prit Thékla par la main et les hommes qui étaient avec elle, et ils allèrent et ils arrivèrent à Antioche. » Le texte grec ne parle pas de l'escorte, ce qui rend l'histoire inconvenante : Paul ne pouvait faire route tout seul avec une jeune fille. — L'ascétisme foncier de la doctrine de Paul se reconnait à ce fait qu'il voyageait sans femme ni *sœur*, à la différence des autres apôtres. Cf. Renan, *Origines*, t. III, p. 283.

appelait un « porte-couronne », un *stéphanéphore ;* ces personnages étaient inviolables, d'autant plus que leur couronne était ornée d'un portrait de l'empereur, et Thékla s'était mise dans un mauvais cas en répondant avec tant de rigueur à un baiser[1].

Alexandre obtint du juge d'Antioche que Thékla, en punition de son crime, fût exposée aux bêtes dans l'amphithéâtre, où précisément des jeux devaient être célébrés à ce moment. La population de la ville intercéda vainement pour la jeune fille. Thékla ne demanda qu'une faveur, que le juge lui accorda : celle de demeurer chez une femme jusqu'à l'heure de son supplice, afin que sa chasteté ne fût pas en danger. Or, il y avait alors à Antioche une dame de sang royal, très riche, nommée Tryphaena, dont la fille était morte récemment ; elle prit Thékla chez elle et se sentit consolée en la voyant.

1. Sur les *stéphanéphores*, voir les observations de Le Blant, *l. l.*, p. 266. Sir W. Ramsay (*The Church in the Roman Empire*, p. 397) conteste que Le Blant ait eu raison de voir en Alexandre un *stéphanéphore*, c'est-à-dire un magistrat municipal ; présidant à des jeux publics, il devait appartenir à l'administration provinciale de la religion de l'Empereur. Mais peu importe : dans un cas comme dans l'autre, son caractère inviolable et sacré n'est pas contestable.

Les fauves étaient arrivés à l'amphithéâtre ; on vient chercher Thékla et on la met nue, avec une simple ceinture autour des reins (la loi romaine ne permettait pas de déshabiller entièrement les actrices, ni d'exposer des femmes aux bêtes dans un état de complète nudité)[1]. Tryphaena se tenait à la porte du théâtre, versant des larmes amères. On fit sortir de sa cage une lionne qui s'approcha de Thékla et la lécha, à l'étonnement des spectateurs ; hommes et enfants criaient, demandaient qu'on lui fît grâce. D'autres bêtes sauvages furent lâchées et épargnèrent Thékla ; sur quoi le public quitta l'amphithéâtre et Tryphaena vint reprendre sa protégée[2]. La nuit précédente, sa fille lui était apparue en songe et l'avait suppliée de servir à Thékla de mère pour qu'elle pût, par la vertu de cette bonne œuvre, habiter le séjour des bienheureux. Quand Thékla apprit cela, elle pria Dieu d'accueillir la jeune fille morte dans la vie éternelle. Mais Tryphaena, malgré son

1. Le Blant, *ibid.*, p. 268.

2. Dans l'histoire de la persécution de Lyon, on voit aussi les bêtes fauves se détourner de sainte Blandine. Cela devait se passer souvent, car les bêtes étaient fatiguées et effrayées par le bruit des spectateurs.

crédit, qui était grand, n'avait pas le pouvoir de sauver Thékla.

Le lendemain, Alexandre vint reprendre sa victime ; mais Tryphaena se lamenta si fort qu'elle le mit en fuite. « J'en appelle à Dieu, dit Tryphaena ; pour la seconde fois, l'affliction et la peine entrent dans ma maison et il n'y a personne pour m'aider ; aucun membre de ma noble famille ne vient me secourir et je suis une veuve sans défense. » Elle serrait la main de Thékla et ne se résigna à la laisser partir que sur un ordre formel du magistrat.

Dans l'amphithéâtre, la moitié des spectateurs étaient pour Thékla ; mais les autres disaient qu'elle avait commis un sacrilège et devait subir son châtiment. Une fois de plus, elle resta presque nue, priant Dieu, les bras étendus, comme si elle eût été sur la croix. On lâcha un léopard et une lionne ; la lionne se coucha aux pieds de Thékla, et quand le léopard voulut bondir sur la jeune fille, la lionne déchira le léopard. Un ours énorme, qui courait sus à Thékla, fut de même tué par la lionne. Ce fut ensuite le tour d'un lion terrible, qui appartenait à Alexandre lui-même ; la lionne engagea avec lui un combat furieux et ils tombèrent morts ensemble sur l'arène. Au milieu de l'émotion de la foule, Thékla aperçut un bassin plein d'eau et s'écria : « Voici le moment du baptème ! » Elle se jeta dans l'eau et, invoquant Jésus, se baptisa elle-même[1]. Il y avait dans le bassin des bêtes féroces, que le texte grec qualifie de phoques ; à l'aspect de Thékla, elles furent comme foudroyées et vinrent flotter à la surface de l'eau. Bien plus, un nuage lumineux l'enveloppa et dissimula sa nudité, sans doute parce que son vêtement mouillé l'accusait alors davantage. Les femmes, pleines d'enthousiasme et de pitié, jetaient de l'encens et des parfums sur Thékla. Pourtant, on lâcha d'autres bêtes ; mais elles vinrent s'accroupir autour de la martyre et ne lui firent aucun mal. Alexandre accourut et dit au juge : « J'ai deux taureaux sauvages ; nous l'y attacherons. » Alors on attacha Thékla par les pieds entre les taureaux, que l'on excita par des feux ardents ; mais comme les taureaux s'agitaient, la flamme brûla les cordes dont Thékla était liée, et, tom-

1. On a vu récemment un exemple d'un prêtre se mariant lui-même (Houtin, *Un prêtre marié*, p. 31). Urbain Grandier, curé de Loudun, avait fait de même.

bant en avant, elle resta détachée sans aucun mal[1].

Tryphaena, qui assistait à cette scène affreuse, poussa un cri et s'évanouit. Toute l'assistance, qui la crut morte, fut bouleversée. Alexandre lui-même, craignant d'être rendu responsable de ce malheur, qui pouvait entraîner une terrible vengeance sur la ville, car Tryphaena était la parente de César, supplia le juge de relâcher Thékla. Le juge lui fit reprendre ses vêtements et dit à la foule : « Dieu (ou *un dieu*) a délivré Thékla. » « C'est un grand dieu que le dieu de Thékla », s'écrièrent les femmes, et leurs voix étaient si fortes que la ville entière en trembla. Tryphaena avait repris ses sens ; elle accourut, embrassa Thékla et lui dit : « Thékla, ma fille, je crois maintenant que ma chère fille vit encore. Viens dans ma maison, je te donnerai tout ce que je possède. »

Thékla resta huit jours chez Tryphaena ; elle la convertit avec beaucoup de ses servantes. Mais Thékla aimait Paul et l'envoyait chercher partout. On lui apprit enfin qu'il était dans une ville appelée Mérou. Alors elle s'habilla en

1. J'emprunte quelques mots au résumé donné par Voltaire (éd. de Kehl, t. XXXV, p. 64).

homme[1], se fit accompagner de nombreux valets et de servantes et se dirigea vers Mérou, où elle trouva Paul assis, enseignant les commandements de Dieu. Paul, effrayé d'abord de voir des hommes autour d'elle, craignit qu'elle eût été frappée d'un nouveau malheur[2] ; mais Thékla lui apprit qu'elle avait reçu le baptême. Paul se leva et la conduisit, avec son escorte, dans la maison d'un certain Hermès. Là Thékla lui conta ses aventures et tous glorifièrent Dieu, priant aussi pour la bonne dame Tryphaena qui avait protégé la chasteté de la vierge. Thékla dit : « Je veux aller à Iconium. » « Vas-y, répondit Paul, va enseigner les commandements et les paroles de Dieu. »

Quand Tryphaena apprit que Thékla était en route pour Iconium, elle lui envoya de beaux vêtements avec beaucoup d'or ; mais Thékla offrit ces richesses à Paul pour qu'il les distribuât aux veuves. Elle-même se rendit chez Onésiphore et se prosterna en pleurant à la place

1. Le texte grec expose comment elle releva dans sa ceinture sa tunique et, par une couture, lui donna la forme d'un vêtement masculin. M. Heuzey a montré que ces détails sont parfaitement exacts (*ap.* Le Blant, *l. l.*, p. 269).

2. Le texte grec parle d'une nouvelle *épreuve;* l'arménien (suivant la traduction de Conybeare, p. 86) parle d'une *tentation.*

où Paul avait enseigné. Dans l'intervalle, son fiancé Thamyris était mort. Elle essaya de convertir sa mère Théokleia, mais en vain. Puis elle partit pour Séleucie où elle éclaira beaucoup d'hommes avec la parole de Dieu et s'endormit dans la paix du Seigneur.

Ainsi se terminent le texte arménien et le syriaque. D'autres textes racontent que Thékla s'était retirée dans une caverne près de Séleucie et y guérissait les nombreux malades qu'on lui amenait. Cela ne faisait point les affaires des médecins de la ville, qui perdaient leur clientèle. Le diable leur suggéra l'idée que Thékla tenait ses pouvoirs de sa virginité ; ils enrôlèrent donc des débauchés et des ivrognes, leur promettant beaucoup d'argent s'ils réussissaient à triompher de cette vertu. Les malandrins allèrent à la montagne et se précipitèrent vers la caverne comme des lions. « Je ne suis qu'une vieille, leur dit Thékla, et la servante de Jésus ; vous ne pouvez rien contre moi. » Comme les bandits insistaient et l'avaient saisie, elle pria Dieu et soudain un profond abîme s'ouvrit dans la montagne et Thékla, échappant à ses insulteurs, y disparut. Seul son voile resta entre leurs mains et fut conservé à Séleucie comme une précieuse relique. Un autre texte ajoute qu'elle survécut à cette aventure et se rendit à Rome pour retrouver saint Paul ; mais l'apôtre était mort et Thékla, après de longues années, mourut à son tour et fut ensevelie non loin de lui. Ces additions sont évidemment absurdes ; la vie de Thékla dut se terminer paisiblement à Séleucie, où une église dite de la Vierge ou Parthénon fut élevée sur sa tombe [1], et d'où son culte se répandit dans tout l'Orient.

Quelle est la valeur historique de cette légende de Thékla, si belle par endroits et si touchante, d'où se dégage la personnalité d'une vierge robuste, d'une Amazone chrétienne, qu'on n'oublie pas après avoir appris à la connaître ?

La doctrine de la primitive Eglise, telle qu'elle est énoncée dans les Epîtres de saint Paul, admet que les femmes, en particulier les vierges et les veuves, s'emploient à des œuvres charitables et même à propager la vérité religieuse ; mais elle leur interdit la prédication et toute parti-

1. Voir Gwynn, *l. l.*, p. 894 et les témoignages dans Tillemont, *Mémoires*, t. II, p. 61 et suiv. « L'église où elle reposait n'était pas dans la ville, mais apparemment sur une hauteur qui en était éloignée d'une petite demi-lieue du côté du midi. L'autel y était posé sur son corps, sous une coupole soutenue de plusieurs colonnes et toute brillante d'argent » (p. 64).

cipation effective au ministère sacré[1]. Il n'y a pas, il ne peut y avoir de prêtresses chrétiennes. La femme ne peut ni prêcher ni baptiser[2]. Or, non seulement Thékla enseigne, mais elle baptise ; elle se baptise elle-même en se jetant dans la fosse de l'amphithéâtre et il semble bien, quoique cela ne soit pas dit expressément, qu'elle baptise Tryphaena et ses servantes. Bien plus, Paul semble reconnaître la validité du baptême qu'elle s'est donné, puisqu'il ne la baptise pas à son tour, et il l'envoie répandre la parole de Dieu.

Il n'a pas manqué de gens, de femmes surtout, dès les premiers temps du christianisme, pour déplorer l'espèce de déchéance infligée au sexe

1. Voir Renan, *Origines*, t. II, p. 120; t. III, p. 402; t. VII, p. 516.

2. La femme ne baptise même pas les personnes de son sexe. A une époque où les conversions d'adultes étaient très fréquentes et où le baptême par immersion complète était de règle, on se demande comment la pudeur pouvait s'accommoder d'un usage qui faisait paraître aux yeux d'un prêtre des jeunes filles et des jeunes femmes toutes nues. On ne résout pas la difficulté en allèguant que des diaconesses déshabillaient, oignaient et rhabillaient les initiées (*Constit. Apostol.*, III, 15 et 16); il y avait toujours un moment où le prêtre devait les voir nues et, d'ailleurs, on ne disposait pas partout de diaconesses. — Sur le baptême considéré comme valable en péril de mort, même s'il est conféré par une femme ou un hérétique, voir l'art. *Taufe* dans Hauck, p. 443.

féminin par les lettres de saint Paul. Au IIe siècle, la Phrygie vit surgir des prophétesses, et l'hérésie chrétienne appelée *montanisme*, du nom de son fondateur le prêtre phrygien Montan, se distinguait essentiellement de l'orthodoxie par la place qu'elle faisait aux femmes dans l'enseignement et la révélation de la vérité[1].

Tertullien, vers la fin de sa vie, fut séduit par cette doctrine et c'est pourquoi ce Père de l'Eglise n'a jamais été rangé parmi les saints. Mais, avant l'an 200, il était fort hostile aux prétentions des femmes en matière de culte et d'apostolat. Dans un traité sur le Baptême, qu'il écrivit en grec d'abord, puis en latin, — nous n'avons conservé que le texte latin, — il ne veut ni de femmes qui enseignent, ni de femmes qui baptisent. « Que si, ajoute-t-il, on allègue à l'encontre l'exemple de Thékla, suivant certains écrits attribués faussement à Paul, qu'on sache bien ceci : un prêtre d'Asie, qui a fabriqué cet ouvrage, fut convaincu et avoua qu'il avait fait cela par amour de Paul ; sur quoi il fut privé de son ministère[2]. » Je laisse de côté quelques

1. Voir Renan, *Origines*, t. VII, p. 215, 218.

2. Tertullien, *De bapt.*, 17 : *Quodsi quae Pauli perperam (ad-) scripta sunt, exemplum Theclae ad licentiam mulierum docendi tinguendique defendunt, sciant in Asia presbyterum, qui eam scrip-*

mots qui sont fort obscurs, mais dont le sens général paraît être que le faussaire mit ses propres élucubrations sous le nom de Paul.

Deux cents ans plus tard, saint Jérôme raconte la même chose, en citant Tertullien ; mais il ajoute que le prêtre d'Asie avoua sa fraude *à Jean*, ce qui signifie, sans aucun doute possible, à saint Jean[1]. Suivant la tradition chrétienne, cet apôtre aurait résidé à Ephèse, capitale de la province romaine d'Asie, de l'an 60 à l'an 90 environ ; on lui attribuait un certain pouvoir disciplinaire sur les hérétiques, entre autres le fameux Cérinthe, qu'il aurait désigné à l'animadversion des fidèles en quittant des thermes où Cérinthe venait d'entrer. Cérinthe était donc *vitandus :* c'était presque l'équivalent d'une excommunication. Dire que saint Jérôme a ajouté de son cru la mention de Jean, c'est se payer

turam construxit, quasi titulo Pauli de suo cumulans, convictum atque confessum id se amôre Pauli fecisse, loco decessisse.

1. S. Jérôme, *De script. eccles.*, c. 7 : *Igitur* περιόδους *Pauli et Theclae... inter apocryphas scripturas computamus. Quale enim est, ut individuus comes apostoli inter ceteras eius res hoc solum ignoraverit! Sed et Tertullianus vicinus eorum temporum refert presbyterum quemdam in Asia* σπουδαστήν *apostoli Pauli convictum apud Johannem, quod auctor esset libri, et confessum se hoc Pauli fecisse amore loco excidisse.* Saint Jérôme lisait probablement un manuscrit bilingue du *De Baptismo*.

de mauvaises raisons ; il est bien plus probable qu'il l'a trouvée dans le texte grec du livre de Tertullien ou dans un exemplaire plus complet que les nôtres du texte latin. Ainsi, suivant cette tradition, l'histoire de Thékla aurait été écrite entre 60 et 90[1]. Mais alors l'auteur présumé de ce récit très peu orthodoxe aurait été contemporain de l'apôtre, qui quitta l'Asie en 58 et mourut à Rome vers 64. « Par amour de Paul » ne signifierait pas, comme tout le monde l'a pensé, par amour pour la mémoire de Paul, mais par affection pour l'apôtre lui-même. Si l'auteur de l'histoire de Thékla (en son état primitif, bien entendu) a connu l'apôtre, on ne s'étonne plus de le voir décrire si exactement son physique, ses cheveux bouclés, ses sourcils épais, son nez trop long, ses jambes courtes et cagneuses, tandis qu'il est absurde de prétendre que cette description si réaliste dérive d'un prétendu portrait peint, tous les portraits embellissant leur modèle. Il semble donc résulter des textes de Tertullien et de saint Jérôme,

1. Je parle de cette histoire, non des *Actes de Paul*, compilation très inégale où fut inséré un remaniement de l'histoire de Thékla. Tertullien paraît faire allusion aux *Actes*, mais Jérôme s'occupe seulement de l'épisode qui nous intéresse ici.

comme aussi de certains détails de l'ouvrage, que le prétendu faussaire a connu personnellement saint Paul. A-t-il aussi connu ses écrits, c'est-à-dire les *Epîtres*, dont le premier recueil ne fut publié que vers 150 par Marcion ? Si l'on s'en tient aux textes de l'histoire de Thékla que nous possédons, il faut répondre affirmativement ; il faut dire aussi que ce prêtre d'Asie a connu les *Actes* canoniques des Apôtres, l'*Evangile de saint Jean* et d'autres documents publiés vers la fin du Ier siècle ou au début du IIe[1]. Mais toutes les citations d'écrits évangéliques qu'on a relevées dans l'histoire de Thékla ne font pas essentiellement corps avec cette histoire ; elles peuvent être dues à des remaniements exécutés au milieu du IIe siècle et plus tard. La comparaison de nos textes en diverses langues prouve que l'histoire de Thékla n'a jamais cessé d'être remaniée ; elle l'a même été très profondément, puisque l'on a fait disparaître presque toutes les traces

1. Les parallèles des *Actes* grecs avec les écrits canoniques du Nouveau Testament ont été réunis par S. Schlau, *Acten des Paulus und der Thekla*, 1877, p. 80-82. Il n'y a pas la moindre trace d'une lecture de l'Ancien Testament, ce qui, joint au silence complet de l'auteur sur les juifs, a fait penser qu'il était un païen converti.

de la prédication de Paul exhortant les femmes mariées à renoncer, dans l'espoir de la résurrection, à la vie conjugale. D'autre part, si l'hypothèse de remaniements est autorisée par ce que nous savons de l'histoire des textes, celle de la familiarité de l'auteur avec les écrits du Nouveau Testament, qui ne sont jamais expressément cités, ne l'est pas du tout par le contenu essentiel de l'œuvre. La contradiction n'est pas seulement éclatante avec les chapitres 13 et 14 des *Actes des Apôtres*, où Paul se rend à Iconium avec Barnabé et prêche aux juifs, alors que le prêtre d'Asie ne connaît pas Barnabé et ne mentionne pas une fois les juifs ; mais il y a un abîme entre la doctrine authentique de saint Paul et celle de l'épisode de Thékla, l'une résolument *antiféministe*, comme nous dirions [1], l'autre non moins résolument *féministe* — l'une *opportuniste*, pour employer un autre néologisme, dans la question de la chasteté, l'autre absolument intransigeante. C'est à tel point que l'on a supposé, chez l'historien de Thékla, le dessein de prendre le contre-pied des enseignements de Paul, soit dans l'intérêt de la doctrine montaniste (c'était l'opinion de

1. Voir Renan, *Origines*, t. VII, p. 116.

Renan[1]), soit dans l'intérêt du mysticisme gnostique qui menaça de bonne heure l'orthodoxie (c'était l'opinion de Lipsius). La doctrine de l'auteur de *Thékla* tient en quelques mots : restez chastes et Dieu vous aimera ; il vous assurera le bienfait de la résurrection. Le seul ouvrage du Canon où cette idée soit nettement exprimée[2] est l'*Apocalypse* attribuée à saint Jean, œuvre asiatique, sortie de l'école chrétienne d'Ephèse : « Je vis l'Agneau (c'est-à-dire Jésus) qui était sur la montagne de Sion et avec lui cent quarante-quatre mille personnes qui avaient le nom du Père écrit sur leurs fronts... Ce sont ceux qui ne se sont point souillés avec des femmes, car ils sont vierges ; ce sont ceux qui suivent l'Agneau[3]. » Impossible de dire plus clairement que la béatitude céleste est la récompense de la chasteté.

1. *Ibid.*, t. VII, p. 244 : « Un roman qui fut sûrement d'origine montaniste, puisqu'on y trouve des arguments pour prouver que les femmes ont le droit d'enseigner et d'administrer les sacrements. » Renan avait déjà développé la même opinion, *ibid.*, t. III, p. 40.

2. Elle est aussi indiquée dans saint Paul (*I Thess.*, v, 23 ; cf. *ibid.*, IV, 14, 16 ; v, 3.); seulement, dans cette épître, le libertinage n'est pas l'*unique* empêchement de la résurrection. Voir A. Vanbeck, *La discipline pénitentielle dans les écrits de Paul* (in *Rev. d'hist. et de litt. relig.*, 1910, p. 241 et suiv.).

3. *Apoc.*, XIV, 4.

La preuve que cette passion un peu maladive de la chasteté existait dans l'Eglise avant saint Paul et les *Evangiles*, c'est que saint Paul lui-même trouve à Corinthe, vers l'an 53, des fidèles persuadés qu'ils ne doivent pas vivre avec leurs femmes. En se convertissant à la nouvelle doctrine, ils croyaient devoir abandonner femme et enfants, pour se consacrer désormais à la chasteté. Paul les détourne de ces excès et les exhorte à persévérer, même après leur conversion, dans l'état où Dieu les a appelés : « Es-tu lié avec une femme ? Ne cherche point à te séparer d'elle. N'es-tu pas lié avec une femme ? Ne cherche point de femme. Si pourtant tu te maries, tu ne pèches point ; et si une vierge se marie, elle ne pèche point[1]. » Ces conseils de bon sens n'étaient nécessaires que parce que l'opinion contraire trouvait créance, et cela dans une communauté qui avait été évangélisée de très bonne heure par la voie d'Ephèse. Paul avait-il toujours pensé de même? Cela n'est pas sûr, car il y a, dans les *Epîtres* authentiques, des traces d'une doctrine beaucoup plus sévère, par exemple dans la même lettre aux Corinthiens : « Mes frères, le temps

1. *I Cor.*, VII, 27-29.

est court désormais. Que ceux qui ont une femme soient comme s'ils n'en avaient pas[1]. » C'est la continence absolue dans le mariage, doctrine que l'Eglise n'a pas adoptée et qu'elle réprouve même très sévèrement. Il est donc possible que Paul, trois ou quatre ans plus tôt, au cours de ses premières tournées de mission en Asie-Mineure, ait exagéré, dans sa prédication, les vertus contraires aux vices régnants. L'idéal ascétique de la continence n'était d'ailleurs nullement étranger aux religions populaires de l'Asie. Mais alors on comprendrait très bien qu'un témoin de sa prédication d'alors, — un des fils d'Onésiphore, par exemple, — devenu prêtre de l'église d'Ephèse, ait pu, de bonne foi, mettre dans la bouche de Paul des discours qui semblèrent plus tard presque hérétiques et des actes qui venaient à l'appui de ces discours. Ainsi la place excessive faite à la chasteté dans l'épisode de Thékla n'est pas un argument contre la date très haute et l'origine très illustre que j'assigne au fond de cet écrit, mais, au contraire, un argument en ma faveur.

1. *I Cor.*, VII, 29. Voir aussi, sur l'incontinence considérée omme empêchant la résurrection, les passages de *I Thess.* cités eux pages plus haut.

Il en est d'autres, dont j'indiquerai les plus significatifs[1]. Celui-ci d'abord : que, dans le texte arménien, le fait d'être chrétien n'est jamais considéré comme un crime ; Paul et Thékla sont punis comme perturbateurs et sacrilèges, non comme chrétiens. Nous sommes donc avant 112, date du rescrit de Trajan adressé à Pline : « Il ne faut pas rechercher les chrétiens ; mais si on les découvre et qu'ils soient convaincus, il faut les punir. » D'autres raisons, dans le même sens, sont fournies par la géographie historique. Ainsi Sir William Ramsay, ce connaisseur éminent de la topographie de l'Asie Mineure, dont il a plusieurs fois parcouru toutes les provinces, a fait observer qu'Onésiphore, allant à la rencontre de Paul qui va d'Antioche de Pisidie à Iconium, commence par prendre un chemin secondaire, une route de traverse, pour se porter sur la grande route qui court d'Antioche à Lystra. Or, avant la fin du Ier siècle, on avait construit une grande route romaine d'Antioche à Iconium même; si donc il est question

1. Sir W. Ramsay et M. Fr. Conybeare ont déjà marqué leur préférence pour une manière de voir analogue à celle que je défends ici. La réfutation de Ramsay par Harnack ne m'a aucunement convaincu.

d'un chemin de traverse rejoignant la grande route, c'est, d'abord, que le fond de l'ouvrage a été écrit avant la fin du Ier siècle et, en second lieu, qu'il l'a été par une personne très familière avec le réseau routier des environs d'Iconium [1]. Lorsque tous les théologiens dont le nom fait autorité, en première ligne M. Harnack, nous affirment que le fond de l'histoire de Thékla n'est pas antérieur à 160, ils oublient qu'un argument comme le précédent, qu'ils traitent de négligeable, est, au contraire, infiniment plus fort que tous ceux qu'on peut tirer de citations ou d'allusions aux textes canoniques. Un rédacteur interpole des citations, parce que ses lecteurs en demandent, mais il ne prend jamais la peine de remanier un itinéraire, parce que ces détails le laissent indifférent, lui comme son public.

Mais voici qui est plus concluant encore. Cette grande dame romaine qui protège Thékla, dont l'évanouissement fait redouter au méchant Alexandre la vengeance de l'empereur régnant, parent de Tryphaena, n'est plus, grâce aux inscriptions et aux monnaies, une inconnue

1. Ramsay, *The Church in the Roman Empire*, 1893, p. 375 et suiv.; objections dans Harnack, *Die Chronologie*, t. I (1897), p. 503-505.

pour nous. Il est vrai que pas un historien classique ne la mentionne ; mais depuis 1902 surtout, date d'un travail de Théodore Reinach à ce sujet[1], Tryphaena a sa biographie, que voici en résumé. Née, vers l'an 10 avant notre ère, de Polémon Ier, roi du Pont, et de la reine Pythodoris, Antonia Tryphaena était, par sa mère, la cousine de l'empereur Claude. Elle épousa Cotys, roi de Thrace, qui mourut avant l'an 19 et la laissa veuve avec trois fils qui furent élevés à Rome, en compagnie du futur Caligula. Pythodoris, devenue veuve, régna sur le Pont jusqu'en 23. La jalousie de l'empereur Tibère (14-37) empêcha Tryphaena de succéder au trône ; jusqu'à la mort de ce prince, elle résida à Cyzique, employant sa grande fortune à des œuvres d'utilité publique qui sont attestées par des inscriptions. Sous Caligula (37-41), les fils de Tryphaena, anciens camarades de l'empereur, devinrent rois en Thrace, dans le Pont et en Asie Mineure ; la reine mère alla s'établir alors dans le Pont. Le successeur de Caligula, Claude (41-54), fut également bien disposé pour

1. *Numismatic Chronicle*, 1902, p. 4 et suiv. Les conclusions de cet article ont été développées très ingénieusement par Sir W. Ramsay dans un article de l'*Expositor*.

elle ; mais, en 48, elle se brouilla avec son fils et se retira dans ses terres d'Asie. Néron, arrivé au trône en octobre 54, n'avait plus que des liens fort éloignés avec Tryphaena qui ne pouvait rien attendre de lui. Or, dans l'histoire de Thékla, elle assiste à des jeux en qualité officielle, elle est très riche, très considérée, mais se plaint que sa famille royale la néglige ; d'autre part, on sait que l'empereur, son parent, lui est favorable ; on craint de le mécontenter. Nous sommes donc sous Claude, entre 48 et 54. Comme des considérations chronologiques d'un tout autre ordre, mises en œuvre par les historiens de l'Eglise longtemps avant la « découverte » du rôle historique de Tryphaena, placent le voyage de Paul à Iconium entre 49 et 51 (février-mai 49, suivant Ramsay), l'accord des dates de la vie de Paul avec celles de la vie de Tryphaena est absolu. Eh bien ! je le demande à tout critique sans parti pris : est-il admissible qu'un auteur, écrivant plus de cent ans plus tard, ou même cinquante ans après, ait pu « situer » d'une manière aussi précise les événements auxquels Tryphaena fut mêlée, alors surtout que la mémoire de cette princesse fut oubliée à tel point qu'aucun de nos historiens profanes n'a même prononcé son nom ? Nous avons là, dans une partie de l'ouvrage que personne n'avait intérêt à interpoler, sinon une signature, du moins une date. L'auteur de l'histoire de Thékla a connu la position privilégiée de Tryphaena en Anatolie vers l'an 50 ; il l'a représentée comme une grande dame, une vieille reine en exil protégeant une jeune fille persécutée ; il a mis dans sa bouche des plaintes si vraisemblables sur l'état d'impuissance relative où sa brouille avec le roi son fils l'avait réduite qu'il semble ici avoir répété ce qu'il avait entendu lui-même, comme il semble, en décrivant l'aspect physique de saint Paul, consigner par écrit ce qu'il a vu de ses yeux.

Ainsi, le fond de l'histoire de Thékla — j'insiste sur le mot *fond*, car aucun des textes actuels ne peut être tenu pour authentique — n'est pas seulement le plus ancien des écrits chrétiens que l'Eglise qualifie d'*apocryphes;* il est, réserve faite des épîtres de Paul, le plus ancien ouvrage chrétien que nous possédions.

Revenons au témoignage de Tertullien, complété par saint Jérôme, sur les aveux de ce prêtre d'Asie qui, poussé à bout, confessa avoir fabriqué l'histoire de Thékla « par amour de Paul[1] ». Il faut y distinguer deux choses. D'abord, l'opinion, fondée sur tout un ensemble de témoignages aujourd'hui perdus, que la première rédaction de l'épisode de Thékla serait contemporaine du séjour de Jean l'apôtre à Ephèse, 60 à 90 environ ; ceci est conforme à la thèse que nous avons exposée. En second lieu, il est question des aveux faits par l'auteur faussaire à saint Jean et de la mesure sévère prise contre lui. Mais bien que Tertullien annonce cela comme une chose bonne à savoir *(sciant)*, il est évident qu'il transmet seulement à ses lecteurs d'Afrique un avis qu'il a reçu d'Ephèse, en réponse à une demande d'information à ce sujet. *Or, cet avis est nécessairement suspect*, d'abord parce qu'il s'agit d'événements éloignés de plus d'un siècle de son temps, puis parce que l'idée même de saint Jean l'apôtre exerçant à Ephèse une sorte de censure sur les écrits des chrétiens est un anachronisme un peu ridicule. Les dis-

1. Encore une fois, je ne trouve aucune preuve que les *Actes de Paul* soient aussi anciens que l'histoire de Thékla. Cette dernière a pu circuler longtemps sous différentes formes avant d'être insérée dans les *Actes de Paul* vers 160.

cours attribués à l'apôtre dans les *Actes de Paul* ou, pour nous en tenir à Thékla, la conduite qu'on lui assigne dans cette histoire, étaient très gênants pour l'orthodoxie naissante, alors que les *Epîtres* de saint Paul étaient dans toutes les mains et jouissaient de la même autorité que les Evangiles. Mais l'approbation donnée par saint Paul à l'activité quasi sacerdotale de Thékla était aussi, comme le montre le texte de Tertullien, une pierre d'achoppement pour les fidèles, un argument pour ceux qui revendiquaient les droits des femmes à l'exercice du culte et au ministère apostolique. D'autre part, on savait de source certaine que l'histoire de Thékla avait été écrite à l'époque où saint Jean était censé vivre à Ephèse, dans ce milieu si remuant, si mystérieux encore pour nous, des premiers prêtres d'Asie. Quoi de plus simple et de plus tentant que de répondre, à ceux qui se fondaient sur les *Actes* de Thékla pour dogmatiser et qui alléguaient leur haute antiquité : « Ne le savez-vous point ? Saint-Jean, l'apôtre préféré du Seigneur, les a condamnés lui-même et a puni leur auteur, qui a fait des aveux complets » ! Mais la preuve que cette assertion ne trouva pas généralement créance, c'est que les

Pères de l'Eglise n'ont pas cessé de célébrer les mérites de Thékla et, par suite, d'ajouter foi aux récits édifiants qui la concernaient. Saint Augustin, africain comme Tertullien, parle de Thékla, mais ne dit nulle part que l'histoire de la prêtresse d'Iconium ait même été contestée.

Une fraude historique est plus qu'à moitié démasquée quand on a reconnu les motifs et surtout les intentions pieuses qui devaient en suggérer la pensée. La fraude, ici, n'est pas l'histoire de Thékla, mais le démenti par où l'on a voulu la discréditer. Pour moi, malgré Tertullien copié par saint Jérôme, *les aveux du prêtre d'Asie sont inexistants.* Ce ne serait pas la seule fois dans l'histoire, ni la dernière, que la légende de prétendus aveux aurait été imaginée et répandue pour faire obstacle à la vérité. Cette vérité, en l'espèce, c'est le caractère profondément ascétique du christianisme et même du paulinisme à ses débuts, tempéré bientôt par une doctrine plus humaine, plus raisonnable, plus compatible avec l'existence normale des sociétés. On a parlé de l'évolution de la pensée religieuse de saint Paul; en voici, si je ne m'abuse, la première phase. Ceux qui, longtemps après l'apôtre des Gentils, cherchèrent à propager, parmi les laïques, l'ascétisme outré des premiers temps, le renoncement à la famille et au mariage, l'état de perfection et d'intégrité physique devenu l'apanage exclusif des prêtres et des moines, en se réclamant du christianisme primitif, ont été condamnés, réduits au silence et même brûlés vifs. Mais cent bûchers ne valent pas un argument ; si ces sectaires avaient tort au point de vue social, historiquement ils avaient raison. Le christianisme n'est devenu la religion par excellence des peuples civilisés qu'à la condition, d'ailleurs promptement remplie, de renier ses origines ascétiques et de subordonner au devoir de vivre l'espoir lointain d'une glorieuse résurrection[1].

1. La thèse soutenue ici, touchant la haute antiquité des *Actes* de Thékla, l'a été, de nos jours, par MM. Ramsay, Conybeare et Corssen. Je citerai seulement ces mots de Conybeare (*Acts of Apollonius*, p. 54) : « *We have at bottom a document written well before the end of the first century.* »

LES RITES FUNÉRAIRES

DES

Zoroastriens de l'Inde

PAR

Mlle D. MENANT

Avant d'aborder le sujet de cette conférence, je tiens à vous dire que la religion dont je vais vous entretenir n'est pas une religion éteinte. Le Zoroastrisme, c'est-à-dire la religion des anciens Perses, celle des Parsis de l'Inde et des Guèbres de Yezd et de Kirman, compte encore près de 100.000 adeptes ; ses rites sont consacrés par l'antiquité des textes sur lesquels ils s'appuient et la fidélité de la tradition qui les a conservés. Quelque insolites qu'ils puissent paraître, ils n'en sont pas moins dignes de respect. D'autre part, si des rites nous remontons aux dogmes, il faut encore nous souvenir que ces dogmes représentent les plus chères espérances d'un peuple éminemment spiritualiste, fier de posséder une morale considérée comme la plus pure de l'antiquité, — avec ou après celle des Juifs, — et un système philosophique qui a tenté l'explication du problème troublant de la présence du mal dans la nature et chez l'individu. Cette morale et cette philosophie, qui accusent des préoccupations de l'ordre le plus élevé, sont associées à des restes de croyances naturistes dont les rites — certains du moins, et les rites funéraires entre autres — nous reportent à une époque primitive de la vie des peuples.

La survivance des rites funéraires des zoroastriens mérite sous tous rapports d'appeler l'attention. Pour me faire bien comprendre, nous prendrons un exemple dans une autre civilisation et chez un peuple disparu. Quel ne serait pas notre étonnement si au cours d'un voyage en Egypte, une barque, fine et allongée, emmenant à quelque sombre nécropole la dépouille d'un adorateur d'Isis et d'Osiris, glissait discrètement auprès de notre *dahabieh ?* Ce spectacle nous inspirerait à coup sûr l'admiration la plus profonde pour ces croyants, dont la foi persistante et la fidélité aux traditions ont bravé le cours des siècles ; mais il y a 1.400 ans que les prêtres égyptiens se sont tus ; leur rituel est conservé dans nos musées et compulsé par nos savants. Le Fellah a oublié ses anciens dieux. Eh bien ! Le spectacle est tout aussi curieux, tout aussi rare, dirai-je, lorsque, avec une pompe assurément plus humble, à Bombay et dans les campagnes poudreuses du Guzarate, nous voyons passer les porteurs vêtus de blanc qui, d'un pas rapide, vont déposer sur la plate-forme de la Tour du Silence le pieux disciple de Zoroastre couché sur une civière ! Les prêtres mazdéens, eux, n'ont point cessé d'exercer leur sacerdoce depuis près de 1.200 ans sur le sol de l'Inde, d'après une tradition vivace et respectée !

Un mot encore :

Peut-être vous a-t-on dit que ces rites n'ont plus l'approbation de tous les Parsis et que ces dogmes sont discutés ? Veuillez croire que ce n'est que par une minorité qui n'a presque pas rallié d'adhérents et que les zoroastriens ne sont pas encore disposés à renoncer aux prescriptions qui, conformément à leurs livres sacrés, règlent leur mode de sépulture, pas plus qu'ils ne le sont à rejeter la croyance au triomphe final d'Ormusd.

*
* *

Les réfugiés persans, venus dans l'Inde au VIIIe siècle, y avaient apporté les traditions religieuses de l'époque des Sassanides. Ils espéraient trouver sur les plages hospitalières du Guzarate la liberté qui leur était refusée en Perse depuis la conquête musulmane. Ils ne furent pas déçus : un document, rédigé en sanscrit sous forme de *slokas* ou distiques[1], nous a conservé leurs conventions avec l'excellent prince qui régnait dans ces parages, à peu près à 30 lieues au Nord de Bombay. Ils purent s'établir sur son territoire moyennant quelques concessions, comme de mettre bas les armes et d'adopter les usages du pays. Trop heureux de trouver enfin un asile, les Persans firent bon marché de certaines de leurs coutumes, celles du mariage entre autres, auxquelles ils substituèrent les cérémonies hindoues ; mais ils confessèrent hautement leur respect pour le feu et purent même bientôt lui ériger un temple.

Si leur mode de sépulture n'est pas défini dans

1. Cf. *Indian Antiquary*, p. 214 (5 juillet 1872).

les *slokas*, on y trouve la mention des cérémonies religieuses célébrées tous les ans en l'honneur des ancêtres ; du reste les Radjpoutes, au milieu desquels ils s'établirent, ne durent guère se préoccuper des rites funéraires de ces étrangers qui se confondaient pour eux avec les castes inférieures, bien que les Persans eussent pris soin de déclarer l'obligation qu'ils avaient de porter le cordon sacré ou *kusti*, ce qui les assimilait en quelque sorte aux castes supérieures et devait les relever aux yeux de leurs hôtes.

La tolérance dont jouirent les zoroastriens leur permit de conserver ainsi les deux plus chères manifestations de leur vie religieuse, — l'entretien du Feu Sacré et l'exposition des morts.

En Perse, leurs coreligionnaires allaient en faire autant, mais au prix des plus cruelles épreuves, et quoiqu'elles dussent rester longtemps isolées l'une de l'autre, les deux communautés cherchèrent avec la même ardeur à atteindre un but commun : préserver du contact impur du *Jud-din* ou infidèle l'élément révéré et le lieu de sépulture du *Beh-din* ou adepte de la bonne religion.

Dès lors, le temple et le sépulcre devinrent

les éléments essentiels de toute colonie de zoroastriens dans le Guzarate. Le temple n'allait pas se distinguer des autres demeures ; le feu qui avait brillé sur les hauts lieux et dans les sanctuaires les plus fameux de l'Iran fut confiné dans un obscur réduit ; mais le mode de disposer les morts ne fut entouré d'aucun mystère. A côté des cénotaphes élevés à la mémoire des rajahs et des magnifiques tombeaux des princes musulmans, la tour des Parsis allait attirer l'attention des voyageurs européens[1].

Tour du Silence (Bombay)
D'après le tableau de M. Regamey (Musée Guimet).

1. Le conférencier a fait passer sous les yeux de ses auditeurs un certain nombre de vues dont nous reproduisons les plus frappantes.

Dès le XIVe siècle, Jourdain de Séverac[1] signalait qu'il y a en ce pays (l'Inde) « une sorte de païens qui n'enterrent pas leurs morts, mais qui les jettent au milieu de tours non couvertes et les exposent tout nus à la voracité des oiseaux du ciel ». Le frère Odoric de Pordenone[2], en parlant des habitants de Thana (île de Salsette), sans savoir au juste à quelle secte ils appartiennent, rapporte qu' « en cette contrée est la guise que on n'enterre pas les mors, mais qu'on les laisse enmy la champaigne pour la grant chaleur qui là règne ». Terry relève plus tard ce même usage : « Il en est, dit-il, parmi les Gentils, qui ne brûlent ni n'enterrent leurs morts ; on les appelle Parsis. Ils entourent une certaine étendue de terrain avec de hauts murs de pierre, loin des maisons et des chemins fréquentés ; ils y déposent les cadavres enveloppés dans des draps, n'ayant ainsi d'autre tombe que l'estomac des rapaces[3]. » Les

1. *The Wonders of the East; tr. from the latin original as published in Paris in 1839* dans le *Recueil de voyages et de mémoires, etc.*, par le Col. Henry Yule, p. 21.

2. *Voyages etc. etc.*, publiés et annotés par M. H. Cordier, p. 82.

3. Terry in *Purchas, A relation of a voyage to the Eastern India*, § IV, p. 1479.

autres voyageurs ne manquent pas de décrire cette coutume.

Avec Anquetil Duperron nous avons affaire, non plus à un simple voyageur, mais à un savant, et l'on apprit par lui que « *ces enceintes closes de murs* », « *ces tours où l'on dépose les cadavres* » étaient des *Dakhmas*, dont la construction, ordonnée par Ormusd, était mentionnée dans les livres sacrés et commentée dans la littérature traditionnelle[1]. Il rapportait le plan même du *Dakhma* qui montrait que la construction de ces bâtiments n'était pas laissée au hasard et qu'elle avait une architecture propre, ce dont témoignaient, du reste, des documents authentiques, voire les *schémas* tirés de la correspondance des zoroastriens de l'Inde avec les frères de Perse[2]. Pour les rites, même soin, même exactitude. Anquetil en avait été témoin au péril de sa vie. Il devient donc inutile de feuilleter les récits des voyageurs ; nous pouvons consulter les zoroastriens.

Les prescriptions qui règlent la sépulture se trouvent dans le *Vendidad*, l'un des 21 livres

1. *Z. Av.*, vol. II, p. 581-591.
2. Cf. *Ravaet* de Kamdin, le *Grand* et le *Petit Ravaet* rapportés par Anquetil.

ou *nasks* attribués à Zoroastre. Pour fixer dès maintenant leur date, doit-on essayer de le faire à l'aide de la date même de la rédaction du livre, en un mot leur assigner une antiquité très reculée ou une époque dérisoirement basse?

Cette digression nous entraînerait trop loin, d'autant que si l'on traite une question traditionnelle, le mieux est de s'en tenir à la tradition, et c'est ce que nous allons faire en suivant celle des Parsis.

Dictés par Zoroastre et conservés dans le trésor royal par ordre de Gushtasp, détruits ou dispersés par Alexandre, recueillis à nouveau sous les Arsacides et les Sassanides, ces livres ont disparu pour la plupart ; mais l'analyse de leur contenu subsiste dans un ouvrage pehlvi du IXe siècle, le *Dinkart*[1]. Le *Vendidad*[2] est le seul des livres qui nous ait été conservé dans son intégrité, c'est-à-dire d'après l'analyse du *Dinkart*, car les chapitres dont il se compose sont loin d'avoir la cohésion qu'on devrait attendre d'un ouvrage original. La diversité des sujets montre la hâte du compilateur. Les deux

1. Cf. *S. B. E.*, vol. XXXVII. Part. IV. *Contents of the nasks as stated in the eigth and ninth books of the Dinkart.*

2. *Op. cit.*, p. 152.

premiers et les trois derniers chapitres ont un caractère légendaire et mythique ; les autres sont presque tous consacrés à des questions d'ordre légal ; dans certains on traite de l'impureté qui naît de la mort ou du contact avec un cadavre et des moyens employés pour s'en dégager, partant des rites funéraires et des purifications.

Pour bien comprendre l'importance de ces règlements, il faut se pénétrer de la notion zoroastrienne que « *la pureté est, après la naissance, le plus grand bien pour l'homme* ». Mais cette pureté, à laquelle on associe une idée morale, doit être prise ici dans le sens physique ; or l'objet impur par excellence étant le cadavre, les purifications auront pour but de se débarrasser de l'effet de son contact ; de là l'usage du *gomez*[1], ce puissant désinfectant, et les pénibles épreuves auxquelles l'impur devra se soumettre[2]. A défaut de purification, l'éloignement s'impose.

Si nous sommes historiquement incapables de fixer la date de la rédaction du *Vendidad*,

1. Av. *gaomâeza*, liquide fait avec l'urine du taureau ou *varasio*. Il existe un rituel pour la consécration du *varasio ;* nous avons rapporté des cahiers où sont mentionnés les noms des prêtres qui ont célébré les cérémonies requises.

2. Cf. Anquetil Duperron, *Z. A.*, t. II. p. 540 ; il renvoie au *Vieux Ravaet*.

(aux linguistes à en décider d'après leurs moyens d'investigation !) nous sommes à peu près certains, par la nature de ses prescriptions, que celles-ci nous transportent au milieu de populations primitives, habitant un pays montagneux et soumises à l'action d'un climat rigoureux. On pourrait suggérer la Médie, la patrie des Mages ; mais l'exposition des morts est une très ancienne coutume qui n'est pas spéciale à une région ; dans l'Inde on en trouve quelques traces. L'*Atharva Véda* en témoigne par la distinction qu'il fait des mânes de ceux qui ont été enterrés, jetés, brûlés ou exposés[1].

Cet usage se retrouve chez les Kafirs, qui habitent les hautes montagnes de l'Hindoukousch, au Nord de Caboul[2]. On a même cherché à les identifier avec un groupe isolé de zoroastriens ; mais c'est problématique, et il n'y a pas lieu de s'y arrêter.

Ce mode de sépulture, décrit dans le *Vendidad* et maintenu jusqu'à nos jours, est d'accord avec les exigences des lois zoroastriennes qui défendent la souillure des éléments — la *terre*, le *feu*, l'*eau* — par l'impureté du cadavre. De là,

1. XVIII, 2, 34.
2. Masson, *Narrative*, vol. I, p. 224.

le crime de brûler ou d'enterrer les morts ou de les jeter dans les rivières. Celui qui brûlait un cadavre devait être mis à mort[1] ; l'inhumation constituait un crime irrémissible, car la terre étant sanctifiée par la présence d'une divinité, lorsqu'on y cachait un cadavre, selon le *Saddar* (XXIII), cette divinité, la bienfaisante Armaiti, frissonnait comme « *quelqu'un qui a un scorpion dans ses vêtements* ». Naturellement celui qui exhumait le plus grand nombre de cadavres et les ramenait à la lumière, accomplissait une œuvre pie et méritoire.

Ouvrons maintenant le *Vendidad*, *farg.* VI, V. 44-51. Nous sommes en présence d'un dialogue entre Ormusd et Zoroastre.

Zoroastre demande à Ormusd :

« Où porterons-nous le corps des morts ?... Où » le déposerons-nous ? »

Et Ormusd répond : « Sur les lieux les plus » élevés... là où l'on sait que viennent les ani» maux carnivores, oiseaux et chiens. »

Le verset suivant indique qu'il faut fixer le corps pour empêcher les animaux de porter les ossements aux eaux et aux plantes, car les ossements doivent être recueillis :

1. *Vend.*, *farg.* VII, 25[65]-26[66]; *Saddar*, 72; *Hyde*, 80.

« Où porterons-nous les os des morts ?... Où » les déposerons-nous ? » demande encore Zoroastre.

Et Ormusd donne une longue explication :

« On fera pour eux, dit-il, un réceptacle hors » de l'atteinte du chien, du renard, du loup, inac- » cessible aux eaux de pluie d'en haut.

» Si les adorateurs de Mazda ont les moyens, » ils le construiront en pierres, en plâtre, en » terre ; s'ils n'ont pas les moyens, ils dépo- » seront le mort sur la terre, sur son drap et » son coussin, vêtu de la lumière du ciel et re- » gardant le soleil ! »

On distingue clairement deux phases : 1° l'exposition des corps et 2° la conservation des ossements.

Si ces prescriptions sont authentiques, jusqu'à quel point avaient-elles été suivies dans l'antiquité ?

Nous sommes fort mal renseignés à cet égard. Les témoignages indirects des auteurs classiques sont peu nombreux. Hérodote dit que les Perses regardaient le feu comme un dieu et qu'il n'était pas plus permis par leurs lois que par celles des Egyptiens de brûler les morts : « Cela est défendu chez les Perses parce qu'un Dieu ne doit pas se nourrir du cadavre d'un homme. » (*Her.*, III, 16.) Le corps du défunt n'était enseveli qu'après avoir été déchiré par les oiseaux de proie ou les animaux carnassiers. « Pour ce qui est des mages, continue Hérodote, je sais de source certaine qu'ils agissent ainsi... En tous cas, c'est après avoir couvert de cire le cadavre que les Perses l'enfouissent dans la terre. » (*Her.*, I., 40). Un passage de Justin laisse voir que la coutume de jeter les morts aux animaux carnivores était en vigueur chez les Parthes (liv. XLI, c. 3), et Strabon atteste que brûler un cadavre était un crime puni de mort. (XV, III, 14).

D'après ces indications, on pourrait croire que des générations entières ont disparu, privées des honneurs dûs à la piété ou à l'orgueil des survivants. L'architecture funéraire a pourtant existé en Perse ; mais nous n'avons pas de spécimens d'un mobilier funéraire analogue à ceux de l'Egypte ou de la Grèce ; pas de détails sur les humbles. Nous ne connaissons que la description des sépultures royales telles que celle de Cyrus, et les magnifiques tombes rupestres de Nackh-è-Rustem et de Persépolis[1].

1. Cf. Dieulafoy, *Art antique de la Perse;* Perrot et Chipiez, *Histoire de l'Art dans l'antiquité*, *Perse*, p. 592.

On est en droit de se demander alors s'il a été possible de concilier les prescriptions de l'Avesta, dont nous venons de prendre connaissance, avec les témoignages de l'histoire et de l'archéologie. C'est ce que nous allons voir.

Nous avons appris par les deux passages précités que, d'après l'Avesta, le corps devait être abandonné aux animaux carnivores et que les ossements étaient ensuite renfermés dans un réceptacle ; suivant un ouvrage pehlvi (Dadistan, XVIII), ce réceptacle serait l'*astô-dan* ou ossuaire encore en usage au IXe siècle, époque de la rédaction de cet ouvrage. L'*astô-dan* a sans doute varié de forme. Nous avons vu à Bombay celui qui a été rapporté de Perse par M. Malcolm ; il est carré et en pierre. Les côtés et le couvercle sont percés de trous, afin que le mort voie toujours le soleil.

En admettant que l'usage de l'exposition des morts existât sous les Achéménides, — chose douteuse, — on trouverait ainsi l'explication des sépultures royales, splendides ossuaires qui recevaient les ossements après que le corps avait été livré aux animaux carnivores.

Le professeur Jackson a appelé l'attention sur les plates-formes taillées dans le massif de rochers qui s'élèvent derrière Persépolis, et l'idée vient assez naturellement qu'elles ont servi à l'exposition des corps, peut-être ceux des rois[1]; mais ce savant estime qu'elles ne remontent pas si haut. Il s'agit de savoir en effet si les Perses de l'époque achéménide avaient adopté la coutume des Mages d'exposer les morts. Nous avons vu qu'ils passaient pour les enterrer après les avoir enduits de cire ; ce n'aurait été que plus tard, sous les Sassanides, que les Mages, devenus tout puissants, imposèrent leurs usages.

Les émigrés apportèrent avec eux le mode de sépulture le plus simple, l'exposition des morts. L'emploi de l'ossuaire dut disparaître ; on se contenta de recueillir les ossements dans un puits profond au centre de la plate-forme, et les deux modes se trouvèrent combinés pour former le monument appelé la *Tour du Silence.*

Cette dénomination mérite qu'on s'y arrête. Pour désigner les *dakhmas*, les voyageurs ont employé celles de *sépulcre*, *cimetière*, *puits*, *tour*, etc. Les Parsis se servent du mot guzarati *dokhmou*, dérivé du zend *dakhma*, et de l'expression plus vulgaire de *bh(a)sto*.

Il s'est élevé dernièrement une discussion sur

1. Jackson, *Persia*, *Past and Present*, p. 304.

le nom de l'auteur qui a fait usage pour la première fois de l'expression « *Tour du Silence* ». On a parlé de Mrs Postans et de M. Murphy. Mrs Postans (femme du capitaine Postans, qui a relevé les inscriptions de la pierre d'Asoka au Girnar) a laissé de charmants souvenirs de son séjour dans l'Inde. M. Murphy, orientaliste distingué, a dirigé pendant quelque temps la *Gazette de Bombay* ; mais, bien qu'il ait mis l'expression en circulation, il n'en est pas pour cela l'inventeur. Il l'aurait recueillie dans une invitation envoyée par un notable parsi, Framji Kavasji, pour visiter une tour qu'il avait fait élever à Malabar Hill.

C'est évidemment une belle métaphore, comme la qualifie Sir George Birdwood. Un savant parsi en donne l'explication[1]. Nous sommes en effet en présence d'une métaphore, si l'on veut : *kamush*, en persan, signifie *silence* ou *silencieux* et s'emploie au figuré pour *mort*. La *Tour du Silence* est donc la *Tour de la Mort*. Dans les auteurs hindoustanis on trouve précisément une métaphore analogue : « O Dieu ! où irai-je » en quittant la ville du Silence, c'est-à-dire le ci-

1. Cf. Modi, *Bombay as seen in the Year 1774;* dans le *J. of the B. B. of the R. A. S.*, 1907. Vol. XXII, p. 281.

» metière? — « Il m'arriva d'entrer une fois dans
» la ville du Silence (le cimetière) où j'eus une

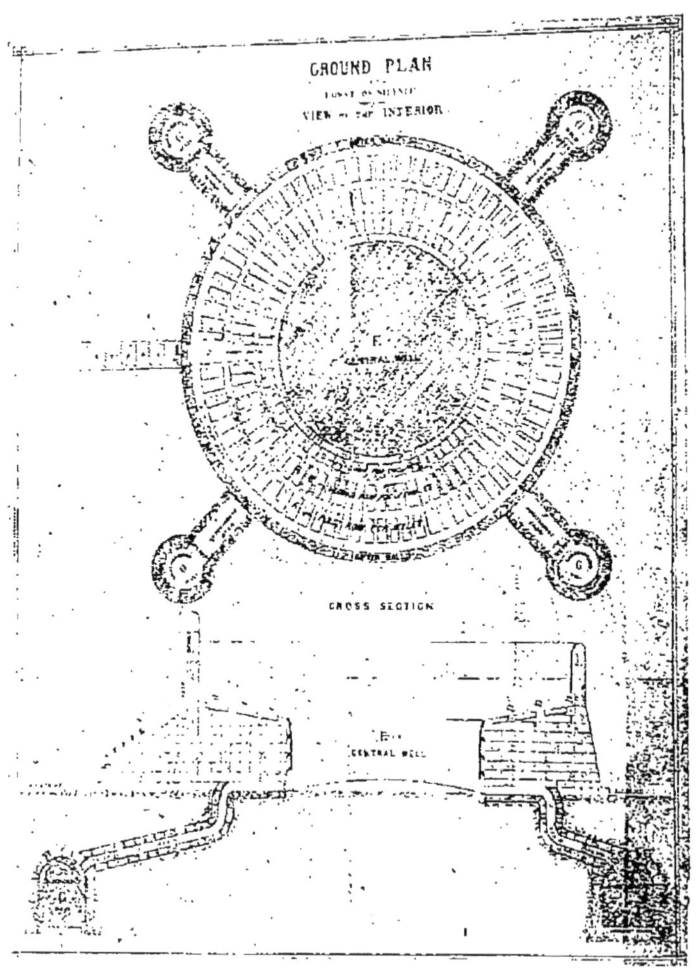

» vision merveilleuse de l'état des rois du monde.
» D'un côté, il y avait le genou d'Alexandre, de
» l'autre le crâne de Jamshed ! »

L'expression est employée couramment et acceptée par les Parsis.

Le *dakhma*[1] est une tour ronde et massive, en pierre, dont le centre est vide et forme un puits profond. Un escalier conduit à une porte de fer, qui s'ouvre sur une plate-forme circulaire, divisée par deux cercles concentriques en trois rangées de lits de pierre où l'on dépose la triste dépouille. La rangée extérieure est réservée aux hommes, celle du milieu aux femmes ; la plus rapprochée du puits aux enfants. Le corps, complètement dévêtu, est livré aux vautours qui, en une heure, accomplissent leur besogne.

Le puits est destiné à recevoir, au moment même des obsèques, les vêtements du mort, et, deux fois l'an, les squelettes desséchés qu'on y jette pour s'y pulvériser sous la double action du soleil et de la pluie.

Toutes les précautions sont prises pour que le *dakhma*, siège de corruption, garde en lui sa souillure et ne la propage pas. Aux quatre coins de l'édifice, sont disposés des canaux qui

1. La description donnée par Anquetil-Duperron est absolument fidèle, puisqu'elle est tirée des *rivayats*, Cf. *Z. A.*, t. II, p. 587. Voy. le plan moderne ci-joint p. 126, tiré de la communication de M. B. B. Patell à la *B. B. of the R. A. S.*, vol. II, n° 1, pp. 55-65.

reçoivent les eaux pluviales contaminées et les conduisent dans des puits à filtrage pourvus de sable fin et de charbon pilé ; de cette façon elles ne retournent à la terre que suffisamment purifiées ; enfin le bâtiment doit être isolé autant que possible et tenu à distance des lieux habités. L'érection d'une tour du Silence est considérée comme un acte de haute piété. Des cérémonies religieuses en accompagnent les différentes phases : 1° au moment où l'on creuse le sol ; 2° lorsqu'on jette les fondations ; 3° le jour de la consécration[1].

1° Au centre de l'emplacement désigné, on entoure une certaine partie du terrain d'une tranchée de quelques pouces de profondeur, qui isole l'enclos ainsi délimité. On y accomplit ensuite des cérémonies spéciales en l'honneur de Srosh, qui guide les âmes des morts, d'Ahura Mazda, de Spendarmad, le génie de la terre, d'Ardafarosh, c'est-à-dire de toutes les âmes des défunts, et des Amshaspands ou Saints immortels ; puis le prêtre, de sa main, creuse une partie du terrain destiné à la tour.

Quelques jours après, quand le sol a été dé-

1. Ces cérémonies purifient les assistants de tous leurs péchés celui qui peut être présent à six est assuré de son salut.

blayé par des ouvriers, deux prêtres chargés de jeter les fondations, font, dans la matinée,

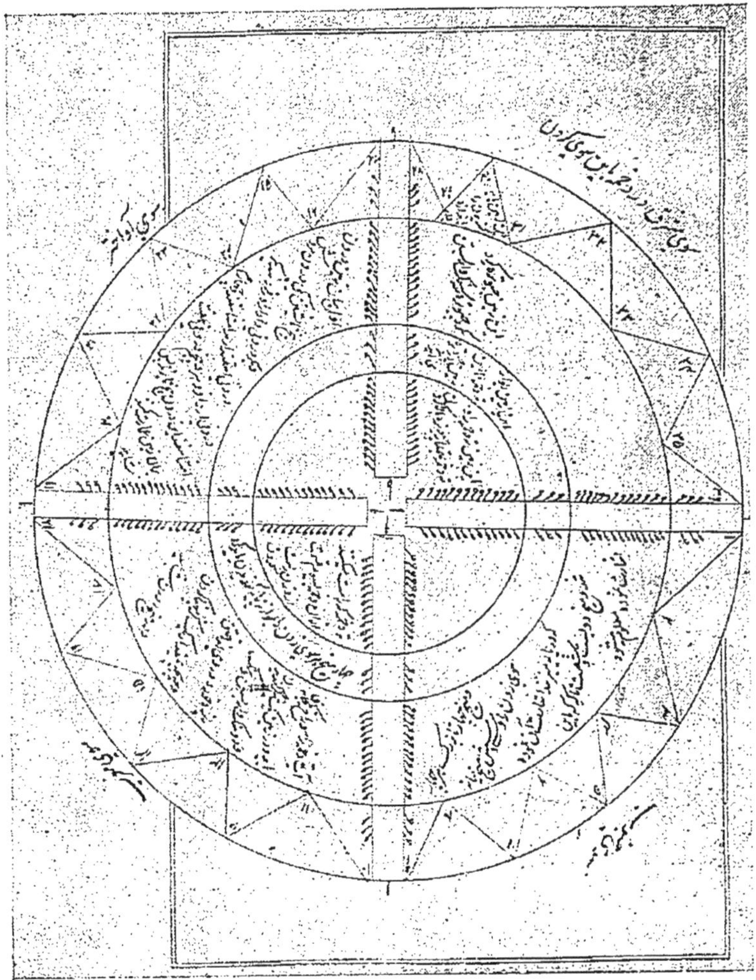

Plan du *dakhma*, Suppl. pers., 46, fol. 73 v°.
Khilaseh-i-Din. Anquetil (Notice XII)[1].

1. Le texte persan a rapport à l'indication de la fondation ; les

la cérémonie du *tânô*, qui prend son nom du fil dont on se sert pour marquer l'emplacement de la tour.

Cérémonie du *tânô*, célébrée à Rajkote (Kathiawar). Les photographies de ces cérémonies sont très rares. Celle-ci m'a été offerte par l'Anjuman de Rajkote en 1901, lors de mon séjour dans cette dernière localité.

Ce fil, formé de cent et un autres fils tissés ensemble, doit être assez long pour envelopper trois fois la circonférence de la tour. Il indique

légendes hors de la circonférence marquent l'orientation, en commençant par la gauche, Nord, Ouest, Sud, Est; c'est du côté Est que doit être faite la porte du *dakhma*. Au fol. 72 du même manuscrit se trouve l'explication complète de la construction de la Tour; j'en ai pris connaissance grâce à l'obligeance de M. Bouvat, que la plate-forme, le *dakhma* tout entier, sont pour ainsi dire suspendus et ne touchent pas la terre, que par conséquent ils ne la souillent pas.

Avant de s'en servir on le purifie selon certains rites. Pour le retenir les prêtres enfoncent dans le sol 301 clous de différente grosseur. Après avoir récité un office en l'honneur de Srosh (jusqu'à *Ashâhe*), ils les fixent en répétant à chacun la formule de l'*Ahura Vairyo*, la prière mystique par excellence :

« Le désir du Seigneur est la règle du bien.
» Les biens de Vohu Mano (le Bon Esprit) aux
» œuvres faites en ce monde. Il fait régner
» Ahura, celui qui secourt le pauvre... »

Les clous sont plantés aux endroits qui répondent à l'emplacement des canaux souterrains et des puits. On passe alors le fil autour de chacun d'eux, en ayant soin qu'il ne touche pas au sol. La consécration dure trois jours. La tour est entourée d'un *pavi* ou tranchée, et dans le *bhandar* ou puits central, deux prêtres pendant trois jours et trois nuits, récitent l'office du *Yasna*, de l'aube à midi, et celui du *Vendidad*, de minuit à l'aube, en l'honneur de Srosh, le guide de l'âme pendant les trois jours et les trois nuits qui suivent la mort. Le quatrième jour, celui de l'ouverture de la tour, on célèbre de nouveau dans la matinée le Yasna en l'honneur d'Ahura Mazda, puis le bâj et l'Afringan en celui d'Ahura Mazda, d'Ardafarosh, c'est-à-dire des âmes des défunts, et de Spendarmad, le génie de la terre, dont une partie va être occupée par les cadavres, enfin de l'Yzed Srosh [1].

Dans la cérémonie de l'Afringan, célébrée devant toute la communauté, on proclame le nom du bienfaiteur aux frais de qui la tour a été construite, et l'on appelle des bénédictions sur lui. S'il s'agit d'un parent défunt, on le proclame également.

Ces cérémonies accomplies, les assistants sont admis dans le *dakhma* et jettent dans le puits de la monnaie d'or et d'argent, parfois des bagues et des joyaux. Avant la consécration, tout le monde peut pénétrer dans la tour; mais, après, les *Nasa-Salars*, à qui sont confiées les clefs de la tour, en ont seuls le droit. Le rôle des *Nasa-Salars* est très important. Ils forment une classe à part, et leurs fonctions sont héréditaires ; avant tout, ils doivent être zoroastriens. Dans

1. Le conférencier a expliqué ces différentes cérémonies qu'il a présentées en projections.

un *rivayat* on se plaint de ce que les infidèles portent les corps des fidèles. Ils sont payés par le *panchayet* et vivent dans des habitations séparées. Il ne leur est pas permis de fréquenter l'*Atash Behram* sans avoir été purifiés par le *Barashnum*[1]. Dans l'exercice de leurs fonctions, ils sont habillés de blanc et portent des gants (dastana) et des bas ou bien encore ils s'enveloppent de linge les mains et les pieds. Dans les fêtes publiques de la communauté, ils prennent leurs repas à part. Les *rivayats* contiennent des renseignements curieux sur leurs obligations; l'une d'elles est de garder le silence dans les *dakhmas*.

Nous avons été admis avec le professeur Jackson dans une tour nouvellement bâtie dans l'île d'Uran, en rade de Bombay, et c'est cette faveur, due à la bienveillance de M. Modi, qui nous a permis de nous rendre compte de la construction dans tous ses détails.

Une sorte de chapelle ou *sagri* est attachée à chaque tour ; les assistants s'y retirent pendant qu'on accomplit les dernières cérémonies. Les

1. La purification de neuf nuits. Cf. Anquetil-Duperron, *Z. A.*, t. II., p. 545. L'explication est tirée des sources mêmes, *Petit Ravaet*, fol. 59, r°; *Vieux Ravaet*, fol. 274, v° et suiv.

anciennes *sagris* étaient petites et avaient la forme d'un temple hindou recouvert d'une coupole ; leurs proportions se sont accrues. Elles

Sagri récemment construite à Surate, communiquée par M. Modi.

sont divisées actuellement en deux parties distinctes : dans l'une, qui est ouverte, on récite des prières et l'on s'y rend pieusement à certains anniversaires ; dans l'autre, qui est fermée, on entretient le feu. Du côté qui fait face à la tour, un treillis aux trous obliques en conduit un rayon vers les morts, à travers une fente ménagée dans le parapet de la tour.

Il n'y a pas de doute que les Parsis ont apporté de Perse ce genre de construction ; la preuve, c'est qu'on retrouve des tours antérieures au renouvellement des communications

Emplacement de la Tour du Silence de Sanjan, lors de ma visite en 1900. Photographie exécutée d'après les ordres de M. Malabari[1].

des Parsis avec leurs frères de Perse, et qu'à cette époque, les différences ne portèrent que sur des détails. Ainsi on apprit que, pour la construction des *dakhmas*, il fallait se servir de pierre au lieu de brique ; ce qui fut fait. Au XVIe siècle, c'est la forme du *dakhma* qui préoccupe les communautés du Guzarate. Doit-elle

1. Extr. de mon voyage publié dans le *Tour du Monde*, vol. XIV, p. 177.

être ronde ou carrée ? Ronde, assurément, avec la porte orientée à l'Est. Les explications envoyées par les Guèbres sont le plus souvent illustrées de croquis.

Etat de la tour en briques de Broach antérieure à 1300, lors de ma visite en 1901. Photographie exécutée pour moi d'après les ordres du *collector*, M. J. Kabraji [1].

Il ne reste que quelques spécimens du type des tours en briques ; celles de Sanjan, le premier établissement des Parsis dans l'Inde, ont disparu. Quand nous avons visité la localité, l'emplacement en était marqué par quelques arbres ; le puits central était comblé. Dans le Guzarate, sur le littoral, à Broach, à Cambay, à

1. Extr. de mon voyage publié dans le *Tour du Monde*, vol. XIV, p. 204.

Ankleswar, il y a également de ces tours en briques ruinées.

Un groupe compact existe à Tenna, près de Surate. Les plus anciennes n'avaient pas de marches ; on y pénétrait au moyen de cordes, ainsi que cela se pratique encore de nos jours en Perse. A Borigaum, par exception, il existe une vieille tour avec des marches à l'intérieur et à l'extérieur comme dans les puits d'architecture indienne. C'est à Cambay que fut bâtie en 1531 la première tour en pierre. A Nausari, il y a une tour du XVIe siècle également en pierre qui présente une particularité intéressante : lorsqu'elle fut ouverte en 1878, on trouva que la plate-forme, comme dans certaines tours en Perse, n'avait pas de divisions ou *pavis*, et d'après les débris d'anneaux en verre ou *bangles*, on supposa que les femmes étaient exposées d'un côté et les hommes de l'autre. Cette disposition permet de penser que la plate-forme n'a pas toujours eu cette rectitude de proportions qu'on trouve dans les œuvres des architectes modernes.

En Perse, d'après les descriptions des voyageurs, les tours avaient leurs fosses remplies de guenilles et de coussins. Il y en a encore quinze, une à Téhéran, cinq à Yezd, neuf à Kerman; certaines, près de Kerman, remontent à une haute antiquité et accusent une forme ovoïde.

Tour en Perse, près de Téhéran, qui montre la manière dont on hissait les cadavres.

Oléarius a publié le dessin d'un *dakhma* situé près d'Ispahan, qui est carré[1]. Il est probable que, dans l'Inde, il y a eu à l'origine, comme il en existe encore en Perse, des endroits où l'on déposait simplement les morts sous un tas de pierres *(sang-chin)*[2].

Malgré mes efforts, je n'ai pu obtenir sur la

1. Cf. *Persianische Reise Beschreibung*, p. 296. Hambourg, 1696.

2. Quand le *dakhma* est trop éloigné de la localité où le décès s'est produit, le corps est porté dans la montagne, entouré de pierres et recouvert d'une dalle. C'est ce qui se pratique à Chiraz et partout où le nombre des zoroastriens n'est pas suffisant pour motiver l'érection d'un *dakhma*. Cf. Jackson, *Persia, Past and present*, p. 393-394.

construction des anciennes tours des renseignements autres que ceux que révèle la correspondance avec les Guèbres. Celles dans lesquelles j'ai pu pénétrer, me faire hisser, devrai-je dire, étaient envahies par la végétation. Il ne restait aucune trace de la plate-forme, ni de ses divisions.

Les tours abandonnées marquent dans la campagne l'emplacement des cantonnements primitifs des Parsis, car l'obligation de détruire les *dakhmas* n'est plus reconnue. On trouve à ce sujet dans un *rivayat* (celui de Cama Bohora) la question de savoir à quelle distance le non-zoroastrien peut cultiver la terre dans le voisinage d'un ancien *dakhma*.

Il y a 119 tours dans l'Inde, isolées ou disposées par groupes, comme à Nausari, à Surate et à Bombay. Ces dernières sont les mieux connues.

La plus ancienne remonte au XVIIe siècle. Un voyageur, Fryer, signale « cette tombe parsie, récemment élevée au sommet de la colline rocheuse et boisée qu'on appelle Malabar Hill »[1].

1. Cette tombe était en effet récemment élevée au moment du passage de Fryer (1674), car sir Streyensham Master note qu'à son époque (1672) les Parsis n'avaient ni lieux de prière ni lieux

Ces tours sont visitées par tous les étrangers qu'étonne ce mode de sépulture, et la beauté du site, le calme qui règne dans les bosquets de cocotiers et de palmiers, au milieu desquels elles se cachent, ont inspiré des descriptions enthousiastes.

L'humble tour du Mofussil, à l'écart dans les champs, produit aussi une profonde impression, soit qu'à l'aube elle surgisse du paysage indien, blanche et lugubre, soit qu'elle apparaisse au soleil couchant enveloppée de brumes violacées ; sa vue est un pressant appel aux vivants en faveur des disparus, et le devoir de tout pieux zoroastrien, quand il voit un *dakhma*, est d'invoquer l'âme des défunts, les *frohars* des saints.

Je parlais des touristes qui visitent les jardins de Malabar Hill : ceci demande une explication. Il est strictement défendu aux zoroastriens d'approcher des tours. Ceux qui font partie du convoi doivent s'arrêter à une certaine distance ; les *Nasa-Salars* seuls la dépassent et peuvent ouvrir la porte de fer qui donne accès dans la tour.

Quant aux non-zoroastriens, ils étaient jadis

de sépulture. Cf. l'article de M. Modi dans le *J. of the B. B., of the R. A. S.*, vol. XXII, p. 287.

exclus des enclos. Anquetil courut de grands risques lorsqu'il visita ceux de Surate. La population parsie murmurait et disait qu'un étranger avait souillé leur lieu de sépulture ; aussi l'inviolabilité des *dakhmas* a-t-elle été de tout temps la grande préoccupation des Parsis. Quel motif, sinon une curiosité malsaine, pouvait conduire l'infidèle dans cet endroit, où, selon le *Vendidad*, les démons tiennent leur fête, cet endroit d'où s'élèvent les maladies, la fièvre, etc.... cet endroit où la mort a le plus de pouvoir au moment du coucher du soleil ! (*Vend. farg.* VII, VIII, 56-58).

Maintenant les non-zoroastriens sont admis dans les enclos. Les Parsis ont renoncé à leurs préjugés ; ils sont même fiers de leur mode de sépulture ; ils en expliquent les avantages et le trouvent supérieur aux autres, inhumation ou crémation. La terre est ainsi préservée de toute souillure, et quant aux oiseaux, ils ne leur inspirent aucune répulsion. Ils les considèrent comme d'expéditifs auxiliaires de l'œuvre de dissolution de notre triste humanité, et ils ne s'appesantissent pas sur des détails répugnants. Nous suivrons leur exemple[1]. D'ailleurs la mort est

1. Les vautours, à Bombay, sont de l'espèce du *Gyps indicus* ;

pour eux une œuvre d'Ahriman, partant un objet d'horreur ; aussi n'existe-t-il aucune iconographie qui s'y rapporte. Ils ne peuvent comprendre qu'au moyen âge certains artistes se soient complu à nous la montrer joviale et familière, mêlée aux vivants, ni qu'à la Renaissance d'autres aient, sous l'image pleine de vie du défunt, sculpté sur un bas relief « le sourd travail du ver dans le sépulcre » ou jeté sur une dalle le cadavre à peine couvert d'un linceul.

Le lieu de repos préparé avec tant de soin, ne recevra que ceux qui sont reconnus dignes d'y être admis. La tour est en effet un symbole de solidarité ; le puits central, l'endroit dans lequel les ossements des riches et des pauvres blanchissent, depuis des siècles, dans une touchante égalité, en attendant l'appel d'Ormusd au jour de la résurrection.

Aussi, tout zoroastrien aspire-t-il à cette réunion ; jadis lorsque des Parsis mouraient à l'é-

dans certaines localités, où il n'y a pas d'oiseaux de cette espèce, les corneilles les remplacent. Les touristes en ont fait les plus fantaisistes descriptions et épuisé pour les dépeindre les plus étranges épithètes, jusqu'à celle de « chacal de l'air ». Cette dernière a du reste enthousiasmé certains directeurs de revue au point qu'il m'a fallu la repousser avec énergie comme addition dans un de mes articles.

tranger, leurs parents payaient des sommes considérables pour les ramener et leur assurer une sépulture suivant les préceptes de leur religion ; mais la porte de fer ne s'ouvrait — et elle ne s'ouvre encore — que pour les zoroastriens authentiques ; ceux qui étaient nés de mères non zoroastriennes étaient repoussés — ils le sont toujours — et déposés dans un endroit spécial.

*
* *

Passons maintenant aux rites qui vont entourer le mourant et le préparer à jouir de cette sépulture privilégiée. Leur ancienneté ne fait aucun doute. Les citations qu'on retrouve dans la correspondance avec les frères de Perse sont tirées de l'Avesta ou des livres pehlvis ; d'un autre côté, si l'on compare les usages modernes avec ceux qui ont été décrits par Anquetil Duperron comme étant en vigueur à son époque, on verra qu'ils n'ont pas varié[1]. La préoccupation constante des zoroastriens a été de suivre la tradition ; aussi les questions relatives aux rites funéraires sont-elles nombreuses, et les

1. Cf. *Z. A.*, vol. II, pp. 581 et sq., et pour les rites en usage en Perse l'article du Dastour Khudayar Sheheryar dans le périodique *Zartoshti*, I, 169-181 (1904) et Jackson, *Persia, Past and Present*, p. 387.

différences d'opinion ont engendré, à cet égard, d'interminables querelles.

Disposition du voile ou *padam* sur la bouche d'un prêtre

Lorsque Anquetil Duperron arriva à Surate, la communauté était divisée au sujet d'un simple usage : Fallait-il mettre le *padam* (voile) sur le visage des morts ou s'en abstenir. Anquetil déclare que sans l'arrivée d'un Dastour de Perse « cette frivole contestation aurait fait couler des flots de sang ! »

Du reste rien ne put vaincre l'obstination des sectaires ; les Padanias, c'est-à-dire ceux qui voulaient qu'on mît le *padam* aux morts, ont encore leurs tours et leurs temples séparés. A la même époque il s'éleva une autre discussion, cette fois par rapport à la position du corps : devait-on croiser les jambes du défunt ou les étendre ? Comme pour les *Padanias*, les partis n'ont pas désarmé.

Ces détails minutieux d'un rituel compliqué sont ponctuellement suivis ; mais il y a dans le Guzarate un endroit où ils le sont plus strictement qu'ailleurs, à Nausari, le siège de la classe sacerdotale, dans le recueillement de la vie provinciale ; un proverbe résume ainsi les deux fins du bonheur d'un zoroastrien : « Naître à Bombay, mourir à Nausari. » En effet rien ne peut donner une idée de l'impression que reçoit le *Jud-din* lorsqu'en parcourant les rues désertes de *Dasturvad* il entend la psalmodie discrète des prières récitées dans les familles pour la célébration de certains anniversaires !

On comprend qu'à l'étranger le zoroastrien, loin de sa tour et de ses prêtres, souffre cruellement ; mais il se résigne à accepter la sépulture ordinaire, l'inhumation ; de là ces enclos qui lui sont réservés aussi bien en Chine qu'au Cachemir et à Londres. Un dicton, tiré des livres pehlvis, console le fidèle de ses manquements : « Suivez les coutumes ; si vous ne le pouvez pas, ne vous tourmentez pas. »

Pour les rites funéraires, il faut accepter les divisions établies par M. Modi[1].

Ces rites comportent deux sortes de cérémonies, les mêmes pour les hommes et pour les femmes :

1° Celles qui disposent des restes du défunt ; 2° celles qui ont trait au bien de son âme.

Les premières se rapportent aux idées zoroastriennes d'hygiène, d'isolement, de purification et de propreté ; les secondes ont un caractère religieux et propitiatoire[2].

1. *The Funeral ceremonies of the Parsis*, tirage à part de 1892, pp. 2-18. (Le conférencier a dépouillé son texte des expressions techniques et des minuties d'un rituel compliqué. Il s'en est tenu aux grandes lignes).

2. Inutile de mentionner ici les relations des voyageurs ; elles

Lorsqu'un malade est à l'extrémité, la famille préside aux apprêts de ses funérailles : on lave le linceul qui lui est destiné et l'on prépare la chambre où on l'isolera en attendant son transport à la tour. On fait ensuite venir des prêtres, — deux au moins, — qui s'installent à son chevet et récitent une confession générale des péchés *(patet)*, véritable prière des agonisants. S il peut s'y joindre il est assuré de son salut ; il sera puni de ses fautes à la tête du pont Chinvat ; mais il n'ira jamais en enfer. A défaut de cette confession, l'*Ashem vohu* suffit ; l'*Ashem* est cette formule sublime qui peut se traduire ainsi[1] : « *La sainteté est le bien suprême, et c'est* » *aussi le bonheur. Bonheur à celui qui est saint* » *de la sainteté suprême.* » Puis, en guise de viatique, on fait avaler au mourant quelques gouttes de *parahom*, la liqueur consacrée pendant l'office du Yasna, en symbole d'immortalité et de résurrection ; on le revêt de l'habit blanchi à la maison tout exprès pour la cir-

sont dépourvues d'autorité, quoique, dans certains cas, elles aien un cachet de naïveté et de sincérité qui n'est pas sans mérite. Pour les rites persans, comme pour la construction des *dakhmas*, Anquetil a suivi les coutumes et s'est reporté aux *rivayats*.

1. Cf. Darmesteter, *Z. A. Yasna*, p. 1, *Annales du Musée Guimet*, t. XXI.

constance[1] et un de ses parents lui passe la ceinture sacrée afin qu'il paraisse devant Ormusd revêtu des insignes de la vraie religion ; enfin l'on murmure à son oreille la prière suivante tirée du Yasna : « *Que le Seigneur Or-* » *musd procure l'accroissement du monde, la* » *participation des Bons à ma bonne religion* » *mazdéenne, la connaissance, la foi, la bonté !* » Dans ce dernier souhait, on ne peut s'empêcher de reconnaître le caractère de prosélytisme de la religion mazdéenne.

On étend le moribond sur un drap de coton blanc étalé sur le sol ; deux veilleurs lui murmurent une dernière fois l'*Ashem*.

L'instant fatal arrivé, nul ne peut toucher le défunt. Quiconque le ferait serait obligé de se soumettre à une purification *(rimani)*. — Deux personnes tenant chacune par un bout une pièce d'étoffe (cela s'appelle faire *paivand*) transportent le défunt dans la chambre mortuaire et l'étendent sur une dalle de pierre ou un lit de sable fin, les bras ramenés sur la poitrine, les jambes croisées ou allongées, le visage couvert du *padam* ou découvert selon la secte, la tête orientée du côté opposé au Nord, ré-

1. Quelque chose d'usé, rien de neuf. Cf. *Saddar*, ch. XII.

gion des démons. Avec un couteau de fer elles tracent autour de la couche trois sillons parallèles qui doivent tenir captive la *druj nasu*, le démon de la corruption caché dans les cadavres, et délimiter son pouvoir. Car la *druj*, sitôt après le décès, fond sur sa proie, sortant des régions du Nord sous la forme d'une mouche furieuse, agressive, bourdonnante, et reste attachée au cadavre *jusqu'à ce que le chien l'ait vu*[1] *!* Nous nous trouvons ici en présence d'un de ces rites insolites, dont je vous parlais et dont la survivance excite la curiosité, provoque un examen minutieux, sans qu'on soit arrivé à une explication satisfaisante.

Le chien, dans l'Avesta, a une position qui a toujours préoccupé les savants. Son rôle en certains cas nous ramène à une époque primitive où ses services étaient réclamés par un peuple de pasteurs ; ici, c'est sans doute un souvenir de quelque folklore sauvage.

Le *Sag-did*, regard du chien, est censé chasser la *druj nasu*. Pourquoi et comment la chasse-t-il ? c'est ce que nous ne saurions dire. Le chien qui en principe a le pouvoir de chasser a *nasu*, doit avoir quatre yeux, c'est-à-dire

1. *Vend*, VII, 2.

être marqué de deux taches au-dessus des yeux ou être un chien aux oreilles jaunes[1]. A leur défaut, tout autre chien suffit.

Dès qu'il est amené près du mort, la *druj* est réputée s'enfuir. On répète l'opération au

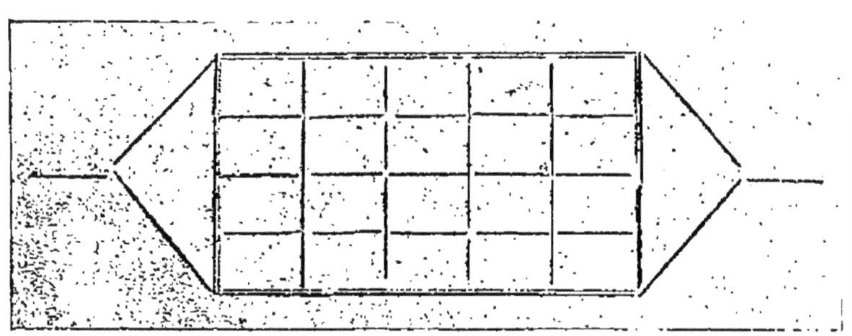

Modèle de civière ou *gehan* d'après un *rivayat*.

début des cinq divisions du jour *(gâh)*, tant que le cadavre est exposé. Après quoi on apporte du feu qu'on entretient avec du bois de santal, dont l'éclat et l'odeur écartent les démons. Un prêtre assis à trois pas, récite les prières du rituel[2].

Le transport à la Tour du Silence a toujours lieu avant le coucher du soleil; les *Nasa-Salars*

1. *Vend*, VIII, 3 sq.

2. Cf. l'intéressant opuscule de M. S. H. Ghirdhar contenant les prières qu'on récite au moment du transport du zoroastrien au *Dakhma*, son premier jour de voyage, ainsi qu'on l'appelle *(av(à)lm(à)nz(a)l)*.

au nombre de deux, — on doit toujours être deux dans les cérémonies funèbres, — vêtus de blanc, le corps couvert ainsi que les mains, sauf le visage, apportent une civière en fer[1] ; après une prière, ils prennent place à côté du corps,

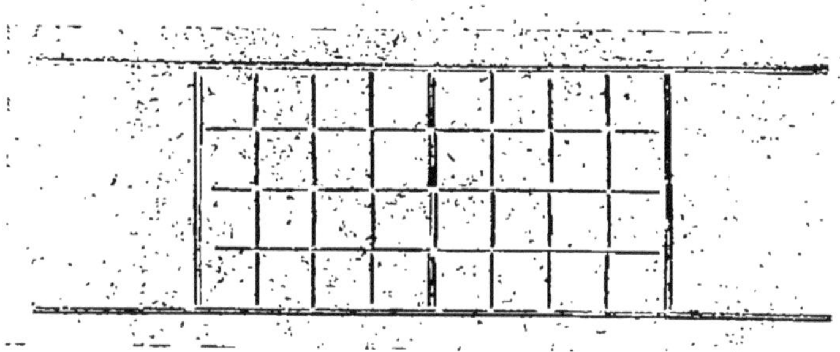

Modèle de civière ou *gehan* d'après un *rivayat*.

en faisant *paivand*, c'est-à-dire en se tenant par un bout d'étoffe.

On procède alors à la récitation du *Geh Sarna*, c'est-à-dire des *Gâthas* destinées à chasser la *druj* et à donner du courage moral aux assistants. Deux prêtres se tenant en *paivand* la commencent en *bâj*, c'est-à-dire d'une voix étouffée; c'est à ce moment que les *Nasa-Salars* soulèvent le corps de la dalle et le placent sur la

1. Il y a deux sortes de civières parce que, suivant la secte, on étend ou l'on croise les jambes du défunt.

civière[1]. Après quoi les prêtres se tournant de ce côté achèvent de réciter les *Gâthas ;* les parents et les amis s'approchent et s'inclinent[2].

Le convoi du 3e Baronet Sir Jamshedji Jijibhai est arrivé au pied de Malabar Hill, au carrefour de Gibbs-Road[3].

Ces cérémonies accomplies, les *Nasa-Salars* couvrent le visage du mort et chargent le corps sur

1. Dans le Mofussil, lorsque la tour est trop éloignée de la maison mortuaire, on charge le corps sur un char à bœufs qui est détruit ensuite et enfoui près de la tour. En Perse on se sert d'un âne ou d'une vache.

2. Ce salut s'appelle *sejdo.*

3. Ces deux photographies nous ont été communiquées par la famille du Baronet à laquelle nous offrons tous nos remerciements.

les épaules des *Khandyas*. Le convoi se forme, et l'on procède immédiatement à la purification des lieux occupés par le cadavre.

Suite du convoi les prêtres et les personnes de la famille.

En général les parents et les amis intimes vont jusqu'au *dakhma*, tous vêtus de blanc, à trente pas derrière la civière; deux prêtres les précèdent. Il n'y a aucune différence entre le riche et le pauvre ; seule la foule des assistants peut faire soupçonner le rang du défunt.

Arrivés à la tour, on fait un dernier *Sag-did*, un dernier salut, et les *Khandyas* remettent le corps aux *Nasa-Salars* qui le déposent sur sa couche de pierre.

Pendant ce temps, les parents restent en prière dans l'édifice attenant à la *Sagri*. La cérémonie terminée, ils se purifient, récitent une confession de péchés et, après s'être baignés, retournent à leurs occupations. Dans la maison mortuaire on entretient du feu pendant trois jours à l'endroit où le corps a été placé et l'on y jette du santal et de l'encens. Pendant dix jours, si c'est l'été, personne ne doit en approcher. On allume une lampe près de laquelle on place des vases de fleurs renouvelées soir et matin. Au bout de ce temps, la chambre est complètement lavée. Pendant trois jours la famille s'abstient de viande et se nourrit de légumes et de poisson. Les amis intimes suivent le même exemple. Jadis il était même défendu de faire cuire des aliments dans la maison mortuaire ; les parents et les amis les préparaient et les envoyaient aux personnes en deuil.

Il est intéressant de consulter à ce sujet les papiers de famille qui ont conservé la list des dépenses des repas offerts au moment d funérailles et à certains jours marqués p l'usage. On ne peut méconnaître qu'il n'y ait e dans ces repas, par exemple celui du premier anniversaire, un véritable emprunt aux repas de caste des Hindous. Aussi les assemblées des notables réglèrent-elles peu à peu les dépenses ; on obligea aussi les prêtres qui, sans avoir été conviés, arrivaient en foule réclamer l'*Ashodad*, c'est-à-dire un don d'argent, à ne se présenter que sur invitation. Les visites de deuil, les lamentations furent également défendues comme contraires à l'esprit zoroastrien.

Le *Vendidad* contient les règles antiques du deuil qui ne dure actuellement que trois jours (*farg.* 12).

Les devoirs auxquels les parents sont astreints à l'égard du mort ne s'arrêtent pas là. Il a encore besoin du secours de leurs prières[1].

L'âme, exhalée dans le dernier souffle de vie, va errer pendant trois jours sur les confins de ce monde et revoir en cet état le tableau de ses actions passées, vision heureuse et consolante si le défunt a été vertueux ; au contraire, s'il a été pervers, vision lugubre et troublante qui le laisse plein d'inquiétude et d'effroi sur son sort[1].

Un des *Yeshts*, le XXIIe, décrit les joies et les souffrances de l'âme vertueuse ou coupable du-

1. C'est la veillée des trois jours ou *sadis*.

rant les trois jours qui suivent la mort et qu'elle reste près du corps qu'elle vient de quitter; — les parfums délicieux ou les odeurs infectes qui lui arrivent du Midi ou du Nord, régions du paradis ou de l'enfer ; — sa rencontre avec une figure adorablement belle ou d'une laideur repoussante qui n'est autre que sa propre *daêna*, sa religion, c'est-à-dire l'incarnation de ses œuvres bonnes ou mauvaises ; son passage au paradis ou à l'enfer où elle sera accueillie par les consolations ou les railleries de ses habitants et où on la nourrira d'ambroisie ou de mets empoisonnés. Reportons-nous au texte :

Zoroastre interroge Ormusd et lui demande quand un juste meurt où son âme demeure-t-elle cette nuit là ? Et Ormusd répond qu'elle repose près de sa tête, chantant la *Gâtha Ushtavaiti* et ne parlant que de bonheur.

Cette nuit-là son âme aspire autant de joie que tout ce qu'en peut contenir le monde des vivants ; il en est de même de la deuxième nuit et de la troisième.

Quant au méchant, Zoroastre s'inquiète aussi de son sort et demande à Ormusd où, quand un méchant meurt, réside son âme, cette nuit-là, puis la seconde et la troisième ?

Et Ormusd répond qu'elle tourbillonne près de sa tête en chantant la *Gâtha Kima*, la *Gâtha* du désespoir. « Vers quelle terre me retournerai-je, » ô Ahura-Mazda? Où irai-je porter ma prière? » Et cette nuit-là, son âme aspire autant de tristesse que tout ce qu'en contient le monde des vivants !...

Pendant ce temps, — c'est-à-dire pendant trois jours, — « l'âme faible et débile comme à sa naissance » a besoin de protection. L'Ized Srosh, c'est-à-dire l'ange qui veille sur le monde matériel, est chargé de la garder. C'est lui qui aura à faire le compte des œuvres du défunt et en qualité de psychopompe l'assistera lors du pénible passage du pont Chinvat. Toutes les cérémonies seront donc accomplies *à la satisfaction de Srosh*, comme on dit dans le rituel.

Au commencement des cinq divisions du jour, deux ou plusieurs prêtres récitent des prières et implorent le pardon de Dieu. Dans la période qui s'étend de l'apparition des étoiles à minuit, des prêtres accomplissent de nouvelles cérémonies en l'honneur de l'Ized Srosh considéré comme le protecteur de ce monde, destructeur de la *druj* et des démons.

Outre ces prières et ces cérémonies accomplies au domicile du défunt, on célèbre dans les temples voisins le *Yasna*, parfois le *Vendidad*, en y associant Srosh et en l'implorant.

Le troisième jour, pendant la période qui s'étend de l'après-midi à l'apparition des étoiles, a lieu au domicile du défunt une importante cérémonie, celle de l'*Uthamna* (la fin du deuil) dans laquelle on annonce les donations faites par les parents et les amis pour commémorer le souvenir du défunt et les legs qu'il a faits lui-même. Pendant que les invités récitent des prières, deux prêtres, si le défunt est marié, un seul, s'il ne l'est pas, placent des plateaux chargés de fleurs et de cassolettes à l'endroit où le corps a été déposé ou dans la grande salle d'un temple, et récitent également des prières ; puis le fils ou le fils adoptif du défunt s'incline devant le grand prêtre qui lui fait promettre de célébrer les rites religieux requis par la religion au bénéfice de l'âme de son père. Enfin des fleurs sont distribuées aux assistants qui se retirent après avoir été aspergés d'eau de rose. Il ne faut pas oublier une coutume très ancienne : dans certains cas le grand prêtre ou à son défaut un des notables propose à l'assemblée de rappeler dans les cérémonies du culte le nom du défunt, dont il énumère les mérites et les bienfaits. Le silence est le mode d'adhésion; aucun honneur ne surpasse celui d'être associé à ces cérémonies[1].

Désormais le nom du Parsi obscur, inscrit modestement dans les livres de famille, *namgharan* ou *disa pothi*, ne sera plus mentionné que lorsqu'on célébrera des cérémonies en son honneur les 4e, 10e et 30e jours, enfin à l'anniversaire même du décès.

Les dix derniers jours de l'année sont en plus consacrés aux âmes de tous les défunts. C'est cet hommage aux mânes des ancêtres qui est consigné dans les *slokas* et qui se rapproche de celui que les Hindous rendent à leurs morts. Chez les Parsis on suppose que les âmes visitent leurs anciennes demeures et viennent se rappeler au souvenir des survivants. Ces dix jours se passent en cérémonies et en banquets en l'honneur des trépassés, actes à la fois de souvenir religieux et de charité, car on y convie tous les pauvres de la communauté. Dans les familles, les cérémonies du *Mouktad*, — c'est le

1. *Les noms des hommes et des femmes illustres rappelés dans le Doup nereng de l'Afergan et le souvenir de leurs bonnes œuvres*, par B. B. Patel, Bombay, 1879. (Guzarati.)

nom qu'on leur donne, — se célèbrent ainsi : dans une pièce bien nettoyée et blanchie à la chaux, on place sur une table de marbre des vases de cuivre ou d'argent remplis d'eau et de fleurs ; à côté de cette sorte d'autel, on entretient pendant le jour une lampe allumée et le soir un nombre considérable de luminaires ; l'encens brûle dans le *doup-dan* et des mets succulents sont placés près de la plate-forme[1].

Je n'insiste pas sur une foule de détails désapprouvés par la partie éclairée de la communauté et, pour la plupart, des emprunts faits aux Hindous ; mais ces emprunts naïfs n'ont porté, comme on peut s'en convaincre, que sur de simples coutumes, non sur le fond de la croyance à l'immortalité de l'âme individuelle et responsable du mazdéen.

*
* *

L'aurore qui suit la troisième nuit après la mort est considérée comme le moment suprême. C'est alors que l'âme qui a cessé d'errer s'ache-

1. Les cérémonies du Mouktad ont été l'objet de violentes attaques de la part du parti libéral de la communauté. Toutefois les donations en vue d'assurer leur célébration ont été reconnues valides par un jugement récent de la Haute Cour de Bombay.

mine vers le pont qui s'étend par-dessus l'enfer et conduit en paradis, pont redoutable appelé Chinvat, situé sur le pic du Jugement qui s'élève au milieu du monde, — peut-être dans la région de l'Alborz. Pour les justes, il a la largeur de neuf lances ; pour les méchants il est étroit comme le tranchant d'un rasoir. (*Dink.*, IX, 20-30). Il est gardé par le grand Ized Mithra, dans son rôle de juge, assisté de Rashnu, l'ange de la parfaite vérité, et d'Arshtat, celui de la droiture. Tous trois jugent les actions de la vie passée des hommes pesées dans la balance d'or de Rashnu. Point d'intercesseur ; seules les œuvres du défunt l'accompagnent. Si les bonnes pèsent d'un atome plus que les mauvaises, l'âme peut franchir le pont et aller en paradis rejoindre les esprits célestes. Si elles sont égales aux mauvaises, elle va dans un état moyen ; si les mauvaises l'emportent, elle est précipitée dans l'enfer. C'est à ce moment-là que les prières des survivants devront être le plus ardentes pour implorer Mithra et ses assesseurs.

La pesée finie, le pont redoutable franchi, le juste continue à s'élever dans l'éther par les trois degrés des bonnes pensées, des bonnes paroles, des bonnes actions jusqu'au séjour de félicité suprême et de lumière, première création d'Ormusd, où l'attendent des jouissances spirituelles infinies. Son arrivée y est saluée par les justes morts avant lui : « Comment es-tu mort, ô juste, demandent-elles ? Comment es-tu venu, ô juste, des demeures peuplées de bétail, de ce monde de désir et d'amour ? Comment es-tu venu du monde du corps dans le monde de l'esprit, du monde périssable dans le monde qui ne périt pas ? Comment te trouves-tu du long bonheur ? » Nous ignorons la réponse du juste, car Ormusd prend sa place : « Ne l'interrogez pas ainsi, dit-il, celui qui vient de faire le terrible, l'effrayant chemin, le chemin de détresse où se séparent le corps et l'âme ! » Et il lui fait offrir la nourriture des élus...

Le méchant, dans l'enfer où il est précipité, est soumis de la part de ses compagnons d'infortune à un même interrogatoire qui, cette fois, ne porte que sur la longue douleur. L'enfer, la demeure des démons, le monde mauvais, est une caverne pleine de terreur et d'angoisses innommées. L'Avesta est sobre de détails sur ce lieu de souffrance, décrit avec emphase par certains auteurs.

Quant à l'état moyen, ce n'est pas un purgatoire, comme d'aucuns le prétendent, au sens chrétien du mot; c'est la résidence des âmes tièdes qui n'y souffrent que des vicissitudes de froid et de chaleur.

Nous devons à un dastour de l'époque sassanide la description d'une visite qu'il a faite, comme Dante, au monde d'outre-tombe[1].

Après avoir bu, étendu sur sa couche, trois coupes de vin mélangé d'une liqueur soporifique, il demeura pendant sept jours assoupi, et pendant ce temps son esprit visita les régions célestes et infernales. On retrouve naturellement dans son récit les notions empruntées à la littérature avestique et post-avestique, embellies des ressources de son imagination d'Oriental. Nous possédons à la Bibliothèque Nationale quelques manuscrits, traductions en guzarati d'une époque assez récente, illustrées de grossiers dessins dépourvus de valeur ; aussi je me dispense de les faire passer sous vos yeux ; d'ailleurs ils n'ont rien à voir avec les grandes et belles lignes de la pure religion mazdéenne[2].

1. *Arda-Viraf namah*, Ed. Barthélemy, Paris, 1860.

2. Certains voyageurs, Tavernier entre autres, avaient signalé les dessins, « figures de mignature fort mal faites », qui accompagnaient des manuscrits conservés par les Guèbres, représentant « comment les péchés sont punis en enfer ».

*
* *

Nous avons conduit le zoroastrien à sa dernière demeure et assisté au jugement qui lui assure la récompense de ses vertus ou le châtiment de ses crimes. Il nous reste encore à connaître sa destinée finale, car la récompense et le châtiment ne sont point éternels. Du fond des *dakhmas*, Ormusd doit rappeler à la vie les victimes de la mort par le bienfait de la résurrection et effacer également les effets de l'œuvre d'Ahriman par un pardon universel et la rénovation du monde.

Ces dogmes sont toujours acceptés par les zoroastriens ; rien n'a ébranlé leur foi. Les siècles ont passé sans que le séjour au milieu d'étrangers ait apporté la moindre défaillance.

Comment s'effectuera cette œuvre de bonté souveraine ?

Nous ne pouvons aborder le sujet si passionnant de l'eschatologie mazdéenne[1]. Toutefois nous allons indiquer en quelques mots comment s'obtiendra le grand pardon.

1. Nous renvoyons pour son étude au travail du pasteur Söderblom dans l'excellente traduction française de *Mme de Quirielle* (Jacques de Coussange), publiée dans les *Annales du Musée Guimet*, t. IXe de la Bibliothèque d'études.

Les mazdéens possèdent une espèce d'Apocalypse qui décrit les derniers jours du monde, — le *Bahman Yesht* et quelques fragments du *Boundehesh*. Nous allons les consulter.

C'est à la fin du millénaire de Zoroastre (celui où nous sommes et qui a dû finir, il y a déjà des siècles), que les signes de la fin du monde se manifesteront : taches sur le soleil, accroissement de toute espèce de crimes, stérilité de la terre... Les rites de la religion seront négligés... Les Turcs et les Aryens seront souverains du monde[1]. Viendront ensuite trois millénaires marqués par l'apparition de trois prophètes ; sous le dernier s'accomplira la résurrection des morts.

Alors chaque homme se relèvera du lieu où il était tombé[2], et dans une grande assemblée ses actions justes et mauvaises seront dévoilées. Pendant trois jours, il y aura une séparation, une épreuve, pénible même aux justes, et pendant ces trois jours les méchants seront horriblement torturés dans l'enfer...

Mais le triomphe du Bien approche...

Une étoile merveilleuse, la comète *Gocihar* ap-

1. *B. Y.*, II, 31-32.
2. *S. I. S.*, XVII, 11-14.

paraîtra et tombera des cieux. Et soudainement éclatera le grand incendie, l'embrasement de la terre qui fondra tous les métaux pour en faire un fleuve immense de liquide brûlant, ordalie suprême par laquelle passeront les hommes, bons et méchants. Pour les bons, il sera doux et agréable comme du lait chaud; pour les méchants il sera un supplice terrible. Ce fleuve incandescent enlèvera toute souillure; non seulement les méchants seront purifiés, mais l'enfer même disparaîtra, de telle sorte que ce lieu jadis de douleur sera restauré et ajouté au monde rajeuni et vertueux *(Frasho-Kereti)*.

« Louanges à Lui (Ormusd), s'écrieront alors » les fidèles. Louanges au Seigneur miséricor- » dieux qui fait la rétribution finale.... et qui, à » la fin, délivrera les méchants de l'enfer et » restaurera toute la création en pureté[1]... »

Allons plus loin... Ahriman, l'Esprit du Mal, ne sera plus, en ce sens que, séparé de toute la création, il restera seul, — sans mouvement, sans désir, — prisonnier pendant toute l'éternité!

1. *Dk.*, II, 81-6.

LE MARIAGE RELIGIEUX
A ROME

PAR

M. RENÉ PICHON

Lorsque l'on examine le bilan de nos connaissances relatives à l'antiquité romaine, on s'aperçoit qu'elles sont assez inégalement réparties, et qu'elles ne sont pas toujours très abondantes sur les points où il nous serait le plus important d'être bien renseignés. Les historiens et les orateurs nous parlent de choses qui leur semblaient très considérables, et qui n'ont plus pour nous le même intérêt : ils nous entretiennent bien plus de politique ou de guerre que des faits habituels de la vie courante ; nous avons des détails sur les batailles et les traités, voire même sur les institutions ; mais les mœurs, dans leur vitalité complexe et mouvante, nous échappent trop fréquemment. C'est le cas, par exemple, en ce qui concerne le mariage. Nous savons à peu près quelles en étaient les conditions légales, juridiques, nous pouvons en décrire avec une exactitude suffisante les cérémonies consacrées : la réalité intime, l'âme, si je puis dire, en est plus difficile à ressaisir. A quelles conceptions, à quelles tendances ou croyances correspondait la célébration de l'union conjugale ? sous l'influence de quelles idées et de quels sentiments se sont développés les rites nuptiaux ? comment, plus tard, ces idées et ces sentiments ont-ils évolué ? qu'est-ce que la société romaine, aux divers stades de son histoire, en a conservé ou au contraire laissé périr ? Voilà des questions auxquelles il n'est pas très aisé de donner des réponses précises, parce que nous manquons de documents. Un Tite-Live ou un Tacite ne touchent pas à l'existence intime ; les auteurs dramatiques traduisent des pièces grecques, ce qui les rend peu propres à nous donner une idée exacte des mœurs romaines ; et les poètes sont la plupart du temps des célibataires, ce qui est une assez mauvaise condition pour apporter un témoignage autorisé sur le mariage. Il faut donc nous résigner à ignorer, — ou à supposer, — beaucoup plus que nous ne le voudrions.

Cela est fâcheux, et aujourd'hui peut-être plus que jamais. A l'heure où le mariage subit l'assaut de discussions si nombreuses et si hardiment passionnées, il serait très intéressant de bien connaître les origines d'une institution qui fait l'objet de tant de controverses. Or, ces origines, c'est à Rome qu'il faut les chercher. Qu'on l'envisage comme un contrat juridique ou comme une union morale, le mariage moderne est doublement latin. Les clauses légales qui le régissent rappellent, avec des modifications inévitables, celles qui furent jadis inscrites dans le droit prétorien. D'autre part les conceptions éthiques qui le dominent portent la puissante empreinte du christianisme, mais le christianisme lui-même a beaucoup conservé des habitudes de la société au milieu de laquelle il s'est organisé. Par le Code Civil comme par l'Eglise chrétienne, notre mariage vient de Rome; il plonge ses lointaines et robustes racines dans le sol latin. C'est ce qui donne à l'étude du mariage romain un intérêt tout particulier, actuel en quelque sorte.

Pour cette étude, il est permis, je crois,

de laisser de côté tout ce qui est strictement juridique : les conditions et conséquences du mariage sont énumérées avec bien assez de précision dans tous les manuels de droit romain et d'institutions romaines, et d'ailleurs la théorie systématisée, stéréotypée, qui trouve son expression dans des articles de loi, n'est jamais tout à fait adéquate à la réalité vivante. Il est également superflu de décrire par le menu tous les détails de la cérémonie nuptiale : on peut les trouver, fidèlement relevés, dans les dictionnaires d'antiquités, et je ne voudrais les retenir que dans la mesure où il nous est possible de les interpréter, de découvrir, en eux, quelque chose de plus profond qu'eux-mêmes. Par delà l'écorce superficielle et refroidie des formalités rituelles, peut-on pénétrer jusqu'à l'intérieur, jusqu'aux croyances et aux sentiments qui ont créé, dans ce qu'il a de plus essentiel, le mariage romain ? je voudrais du moins l'essayer.

I

Il faut pour cela considérer d'abord la forme la plus ancienne de ce mariage, laquelle est, selon toute probabilité, la *confarreatio*. Quelques juristes de Rome et quelques érudits modernes ont pensé qu'elle n'était pas la première chronologiquement, mais leur opinion, généralement rejetée, me paraît insoutenable pour plus d'un motif. La *confarreatio*, jusqu'à l'époque impériale, a eu un caractère privilégié ; seuls les enfants issus des mariages de cette espèce pouvaient remplir certains sacerdoces, notamment celui du Flamine de Jupiter : une telle survivance est toujours une présomption de haute antiquité; elle prouve que l'usage qui ne subsiste plus que dans des cas exceptionnels a été jadis la règle générale. De plus, la *confarreatio* est un type de mariage exclusivement patricien, et, à l'origine, les patriciens seuls ont constitué la cité romaine. Enfin la *confarreatio* se distingue des autres formes d'union conjugale par un caractère religieux tout à fait spécial : or, chez tous les peuples, les institutions véritablement primitives sont toutes imprégnées de religion; plus une coutume offre un aspect rituel nettement marqué, plus elle a de chances de remonter très loin dans le passé ; pour la sociologie moderne, comme pour la vieille langue latine, « antique » et « religieux » sont deux termes à peu près synonymes. Observons donc cette variété tout à fait archaïque du mariage qu'est la *confarreatio*, avant de descendre aux espèces plus récentes, et voyons comment le mariage va nous y apparaître.

Naturellement, comme cela a toujours lieu dans une société ancienne, l'amour et le mariage sont absolument distincts. De tous les éléments qui entrent en ligne de compte, le goût personnel des futurs époux est le plus négligé. L'homme peut contracter mariage à 14 ans, la femme à 12 ; mais les fiançailles, qui ont en fait (sinon en droit) une valeur presque aussi obligatoire que le mariage, les unissent beaucoup plus tôt : on cite des petites filles fiancées à un an, et Octavie, la femme de l'empereur Néron, fut fiancée à 7 ans, mariée à 11, et tuée par son mari à 20. Ce ne sont donc pas les époux qui se marient : on les marie. Les chefs des deux familles concluent l'affaire ensemble. Sans doute, au moment de la célébration du mariage, le consentement de la jeune fille est officiellement requis : mais il ne semble pas qu'en réalité elle le puisse refuser ; du moins n'en connaissons-nous pas d'exemple. On s'explique, dès lors, les railleries que Sénèque et saint Jérôme lanceront plus tard contre cette institution qui enchaîne l'un à l'autre deux êtres qui ne se connaissent même pas : « On ne peut choisir sa femme, il faut la garder telle quelle. Si elle est irascible, sotte, laide, orgueilleuse, si elle sent mauvais, nous ne savons ses défauts qu'après la noce. Un cheval, un âne, un bœuf, un chien, une marmite, une chaise, une coupe, un pot de terre, ne s'achètent qu'après examen. Il n'y a que la femme qu'on ne montre pas ; elle n'aurait qu'à déplaire avant d'être prise[1] ! »

Ces protestations satiriques ont été reprises souvent, dans toutes les sociétés où le libre choix de deux volontés n'est pas la base du mariage. Mais, quand il s'agit de Rome, il ne faut pas prendre au pied de la lettre la comparaison qu'elles supposent entre l'acquisition d'une femme et celle d'un objet mobilier ou d'un animal. Il y a des peuples chez lesquels on achète une femme comme on achète un esclave ou une bête de somme ; mais à Rome il en est tout autrement, même aux temps les plus reculés que nous puissions atteindre. D'abord la femme est dotée, et non pas vendue, ce qui ne laisse pas que d'établir une notable différence. En outre, de ce qu'elle ne se marie pas librement, il ne

1. Sén., *De matrim.* (ap. Hier., *Adv. Iovinian.*, I).

s'ensuit pas qu'elle soit privée de toute liberté dans le mariage. On s'y est quelquefois trompé : sous prétexte que le même mot désigne la puissance du chef de famille sur sa femme, sur ses enfants, sur ses esclaves et sur ses biens, sous prétexte que la femme est « dans la main » de son mari, *in manu mariti*, on l'a crue complètement asservie par le pacte nuptial. Cela n'est qu'à moitié vrai. Sans doute la femme appartient à son mari, comme, étant fille, elle appartenait à son père, dont les droits sont pour ainsi dire transportés à l'époux. Elle n'héritera plus de son père ; elle ne participera plus au culte de sa famille originelle ; elle perdra même son nom, pour prendre celui de son mari ; elle deviendra en quelque sorte « la fille » de celui-ci, *filiae loco*. Mais elle ne sera pas désarmée devant lui. Il ne pourra la punir qu'assisté du tribunal familial tout entier (du moins pour les peines graves). Il ne la répudiera que dans des cas strictement déterminés (si elle est coupable d'empoisonnement, d'adultère, de supposition d'enfant, ou d'usage de fausses clefs). S'il la répudie sans qu'elle ait commis une de ces fautes, ou s'il cède à quelque autre les droits qu'il a sur elle, il sera puni, non seulement par la restitution de la dot, mais par la sanction la plus terrible que connaisse la société romaine primitive, une sanction religieuse : il sera dévoué aux dieux infernaux, *sacer esto*. La femme est donc bien, si l'on veut, la propriété de l'époux, mais une propriété d'un genre spécial, dont on ne peut ni se défaire à volonté, ni abuser librement, parce qu'elle est préservée par des interdictions légales ou sacrées.

Et ceci nous amène à concevoir comme il sied le mariage romain primitif : ce n'est ni une union sentimentale, ni un contrat d'acquisition, c'est une initiation religieuse. Beaucoup plus tard, dans le *Digeste*, le jurisconsulte Modestinus en donnera cette définition admirable : « le mariage est l'union de l'homme et de la femme, leur association pour toutes les choses de la vie, leur mise en commun de tout droit divin ou humain », *coniunctio maris et feminae et consortium omnis uitae, diuini et humani iuris communicatio*. Mais à l'époque la plus ancienne, c'est le « droit divin » surtout qui importe. L'effet du mariage est d'introduire au foyer du mari une femme qui sera sa compagne dans les actes du culte domestique, et qui, chose plus essentielle encore, assurera la perpétuité de ce culte par les enfants qu'elle mettra au monde. Un acte qui a des conséquences religieuses d'une si haute gravité ne peut être lui-même qu'un acte religieux, et, de fait, tous les détails de la célébration du mariage sont autant de rites d'une cérémonie sacrée. Les preuves en sont innombrables ; j'en citerai seulement quelques-unes. Comme tous les actes du culte, le mariage est interdit à certains jours, en particulier aux jours où l'on redoute l'influence maléfique des morts (les Lémuries, les *dies parentales*, les trois jours où est censée ouverte l'entrée des enfers). La fête s'ouvre par une prise d'auspices, se continue par une prière, puis par un sacrifice, et se termine par la manducation d'un gâteau sacré. La toilette même de la fiancée est soumise à des obligations rituelles : elle doit porter une robe d'une certaine couleur, — blanche, — et d'un certain tissu, — un tissu à fils verticaux ; elle doit avoir la tête couverte d'un voile, analogue à celui qui est en usage dans les purifications ou les initiations aux mystères[1] ; et sous ce voile, les bandelettes qui ornent son front, — ces mêmes bandelettes qui sont les signes consacrés des prêtresses ou des victimes offertes

1. Cf. S. Reinach, *Cultes, mythes et religions*, I, p. 299.

aux dieux, — partagent ses cheveux en tresses dont le nombre n'est pas laissé à son libre choix; il y en a six, nombre mystique et divin... Je n'insiste pas là-dessus, la nature religieuse de la cérémonie nuptiale ayant été admirablement mise en lumière dans la *Cité antique* de Fustel de Coulanges, et reconnue également par tous les historiens. La chose n'a d'ailleurs rien d'étonnant, ni rien qui soit propre à Rome : l'incompréhensible serait qu'en une société primitive le mariage n'eût pas été essentiellement religieux.

Voici au contraire un trait qui ne se rencontre pas chez tous les peuples, et qui, si je ne me trompe, n'a pas été bien nettement signalé jusqu'ici. Un acte religieux, — un sacrifice, une offrande, une prière, — s'adresse en général à un seul dieu, ou à un groupe de divinités strictement déterminé. Par exemple, en prenant dans un sens rigoureux la théorie de Fustel de Coulanges, on devrait s'attendre à ce que tout, dans le mariage, gravitât autour de la divinité du foyer ; et précisément Fustel, un peu trop systématiquement préoccupé du culte domestique, de l'adoration du feu et des ancêtres héroïsés, n'a guère vu dans la cérémonie nuptiale que ce qui pouvait s'y rapporter. Mais, quand on examine sans parti pris les divers rites du mariage romain, on voit qu'ils concernent des divinités assez différentes les unes des autres, et que par suite ils forment un ensemble assez complexe. Peut-être étaient-ils plus homogènes à l'origine; mais, aussi haut que nous pouvons remonter, la fête conjugale nous apparaît comme un composé de plusieurs cultes, entre lesquels la synthèse a dû se faire de bonne heure, puisque nous n'apercevons aucun vestige d'un état de choses plus ancien.

Pour nous en rendre compte, suivons, heure par heure, la journée d'une fiancée romaine, en tâchant d'expliquer chacun des actes qu'elle accomplit.

J'ai parlé tout à l'heure du *flammeum*, du voile qu'elle met sur sa tête le matin de la cérémonie ; ce voile, comme le nom l'indique, est d'une couleur qui se rapproche du rouge [1]. Déjà, la veille au soir, elle a enfermé ses cheveux dans une résille rouge également, *reticulum*. Le rouge n'est pas la couleur la plus habituellement exigée dans les cérémonies du culte ; ce serait

1. Dans l'Église arménienne, les fiancés sont encore couverts d'un voile rouge.

plutôt le blanc : mais il y a un dieu tout au moins à qui cette couleur est consacrée, c'est le dieu Mars[1]. Il peut sembler étrange de prononcer son nom à propos du mariage, parce que, dans les classifications qui, à une époque postérieure, ont essayé de mettre un peu d'ordre parmi les traditions mythologiques, Mars a été, si j'ose dire, étiqueté « dieu de la guerre ». Mais à l'origine, s'il est « dieu de la guerre », il est bien autre chose encore : dieu de l'agriculture, dieu de la fécondité, etc. ; les attributions des différentes divinités ne sont pas encore réparties avec cette rigueur artificielle qui sera de mise plus tard. Chez les Sabins, c'est-à-dire dans une des races qui ont contribué à former la population ancienne de Rome, Mars était vénéré comme le dieu du mariage, et son union avec la déesse Nerio était regardée comme le prototype des unions humaines : Tite-Live

1. C'est en ce sens qu'il faut interpréter l'usage de l'étendard rouge élevé au Champ de Mars pour réunir l'armée romaine. L'emploi d'un morceau d'étoffe d'une couleur déterminée est, chez tous les peuples primitifs, un des moyens usuels pour proclamer le « tabou », la consécration d'un lieu. Hisser l'étendard rouge, c'était déclarer que la plaine se trouvait vouée au dieu Mars pour l'accomplissement d'un acte qui, politique ou militaire, était avant tout religieux. — Nos révolutionnaires, en acclamant le drapeau rouge, ne se doutent pas de sa signification primitive.

y fait allusion dans la prière qu'il fait prononcer par Hersilia, l'épouse de Romulus, lors de l'enlèvement des Sabines. Il n'y a donc nulle invraisemblance à supposer que la résille rouge et le *flammeum* sont des indices d'une adoration de Mars.

Les cheveux de la jeune femme, ai-je dit aussi, sont partagés en six tresses : mais ils ne sont pas peignés à l'aide d'un instrument ordinaire. On s'est servi ce jour-là d'un fer de lance aiguisé en forme d'aiguille, la *hasta caelibaris*. On a beaucoup écrit, dès l'antiquité, sur ce fer de lance : certains auteurs ont prétendu qu'il devait, pour avoir toute sa valeur, être retiré du corps d'un gladiateur frappé mortellement, ce qui est évidemment une superstition de la basse époque, greffée sur un usage très ancien. De cet usage même, on a donné des raisons multiples : la femme doit être aussi intimement unie à son époux que la lance au corps du blessé ; les femmes sont consacrées à Junon, de Cures (*quiris* signifiant lance); la femme doit enfanter des enfants courageux ; la lance symbolise le commandement, et le mari commande à la femme[1]. Parmi ces explications, il faut na-

1. Prisc., p. 631 P.

turellement éliminer celles qui, par leur caractère abstrait et philosophique, s'écartent de l'esprit des religions primitives. En réalité la *hasta caelibaris* est un signe de consécration à la *Juno hastata* dont nous parlent d'autres textes, Junon jouant d'ailleurs un rôle essentiel dans toute la cérémonie conjugale.

Outre le *flammeum* et les bandelettes, la parure de la fiancée comporte encore une couronne de fleurs, lesquelles ont dû être cueillies de sa propre main. Ce serait mal connaître les habitudes de ces époques reculées que de voir, dans cette dernière prescription, un symbole de la simplicité exempte de luxe qui sied à une jeune femme. On se tromperait également en croyant que la couronne de fleurs n'est qu'une parure. Les fleurs, comme les arbres, comme certains animaux et certaines pierres, sont des objets sacrés. S'en couvrir est donc un moyen de se sanctifier, de se conférer à soi-même une dose plus élevée de force surnaturelle; et c'est pourquoi il faut que la jeune fille ait cueilli elle-même ces fleurs : en passant par l'entremise d'une main étrangère, elles perdraient un peu de leur efficacité mystique.

Ainsi ornée, la fiancée sort de la chambre

virginale, et est amenée à son futur époux. Elle lui est amenée, non par son père ou sa mère, mais par une matrone appelée *pronuba*. Ce mot est significatif : c'est une des épithètes de Junon. La matrone est donc ici une prêtresse, on peut même dire une incarnation de Junon. — Il faut que cette matrone, pour être apte à remplir son office, n'ait été mariée qu'une seule fois : reconnaissons là tout autre chose qu'une vague préférence sentimentale ; ne nous bornons même pas à dire, comme on l'a fait, que l'intervention d'une veuve remariée serait un présage fâcheux pour l'avenir du nouveau couple; il y a ici quelque chose de plus. Suivant les anciens, les secondes noces sont une déchéance : une femme mariée plusieurs fois est, si l'on peut dire, « disqualifiée » pour jouer un rôle religieux. La *pronuba* doit être *uniuira* comme la vestale doit être vierge, comme le *rex sacrorum* doit être patricien : ce sont des conditions d'intégrité requises pour exercer un sacerdoce. — En présence de cette *pronuba*, la fiancée donne sa main au jeune homme, et ceci encore est un acte rituel. La main droite est le symbole matériel de la foi, à telles enseignes que *dextra* et *fides* sont souvent synonymes dans les formules archaïques. Cette idée de la valeur sacrée de la main, — idée dont la légende de Mucius Scaevola est une lointaine déformation, — se retrouve, moins altérée, dans les rites nuptiaux qui ont persisté jusqu'à nos jours.

Aussitôt après la *dextrarum iunctio*, le prêtre qui, dès le matin, a pris les auspices adresse une prière à certains dieux, et les fiancés leur offrent des fruits en même temps. Quels sont ces dieux ? Plutarque cite Jupiter, Junon, Vénus, Diane, et la Persuasion ; mais c'est là une formule liturgique de date récente, qui décèle l'influence des cultes grecs[1]. Plus anciennement, on invoquait Jupiter, Junon, la Terre[2], Picumnus et Pilumnus. La présence de Jupiter dans cette liste se comprend sans peine, non seulement parce que c'est le dieu souverain, mais parce que Jupiter, époux de Junon, participe à son rôle de protection nuptiale. L'hommage rendu à la Terre (ou à Cérès) a son analogue en Grèce, où Déméter préside aux unions conjugales[3] : peut-être y a-t-il là une as-

1. Il n'est pas sûr que la Persuasion ait jamais été adorée à Rome comme en Grèce.

2. Plus tard Tellus fut remplacée par Cérès.

3. Virgile, en mettant l'union de Didon et d'Enée sous la pro-

similation confuse entre la fécondité terrestre et la fécondité humaine ; d'ailleurs, chez un peuple agricole, la déesse Terre a dû être une des divinités primordiales. Picumnus et Pilumnus nous sont fort mal connus : à un certain moment, ils ont été des dieux agricoles, eux aussi, le dieu des engrais et celui du pilon à broyer le grain ; mais auparavant ils semblent bien avoir été des dieux-oiseaux, le pivert et la huppe, et à ce titre la mention qui en est faite le jour des noces rattacherait les rites nuptiaux à de très vieux cultes totémiques.

Tout à l'heure nous trouvions une oblation non sanglante ; voici maintenant un sacrifice ; les futurs époux immolent un bœuf ou un porc. Il paraît bien que cette coutume s'est introduite à une date relativement récente, et cela s'accorde avec l'évolution qu'on a cru remarquer dans la religion romaine en général : d'abord champêtre et inoffensif, elle n'aurait revêtu un caractère sanglant que plus tard, au contact des Etrusques ; c'est alors, par exemple, que l'haruspicine aurait remplacé l'inspection du vol des oiseaux. Mais tout cela est assez

tection de Junon, Apollon, Bacchus et Cérès, combine le culte grec et le culte latin.

hypothétique, et en tout cas le sacrifice, s'il est postérieur à l'oblation végétale, ne l'a pas fait disparaître ; il s'y est juxtaposé, rendant ainsi plus complexe l'accomplissement de la cérémonie totale.

Vient ensuite le repas chez le père de la femme, repas qui, dans la suite, est devenu une pure et simple réjouissance, mais qui, au début, était certainement un festin sacré. Et après ce repas, c'est-à-dire très tard dans la journée, à la tombée de la nuit, la femme est conduite chez son mari. C'est la seconde partie de la fête, la *domum deductio*, dont bien des détails sont pour nous énigmatiques. Quelle est, par exemple, la vraie nature des « vers fescennins », de ces vers si libres, et même obscènes, que l'on chantait en accompagnant le cortège ? Il est à peu près sûr que leur nom vient de *fascinum*, et non, comme l'ont prétendu des grammairiens latins, de la ville étrusque de Fescennia ; mais cette étymologie laisse encore le champ libre aux conjectures : ces chants se rapportaient-ils à la fécondité, ou à la puissance magique, au « mauvais œil », dont le nom latin, *fascinatio*, dérive du même mot ? — Qu'était, d'autre part, ce cri de *talasio* ou *talassio* que l'on poussait à fréquentes reprises ? Les érudits anciens ont accumulé là-dessus les hypothèses saugrenues ; il y en a même un qui reconnaît dans cette exclamation purement latine un dérivé du grec θάλασσα ! — Pourquoi enfin jetait-on des noix sur le passage de la noce ? parce que les noix, dit l'un, servent aux jeux des enfants, et qu'en les jetant, on marquait que les époux sortaient de l'enfance pour entrer dans la vie sérieuse : explication beaucoup trop savante pour être primitive. Selon d'autres, les noix seraient un symbole de fécondité ; selon d'autres encore, ce serait une nourriture destinée à apaiser la faim des mauvais esprits qui rôdent sans cesse, et à conjurer par là leur malice. Cette dernière vue a l'avantage de s'accorder avec les superstitions populaires encore vivaces en d'autres pays. Mais pourquoi des noix plutôt que d'autres aliments ? Il est bien possible qu'il faille reconnaître ici un vestige du culte du noyer, — de même que les torches portées par les enfants pour éclairer le jeune couple, (torches qui sont des branches de pin à l'exception d'une, formée par un rameau d'aubépine), nous révèlent la valeur religieuse de ces arbres ou arbustes.

En arrivant à la maison qui désormais sera sa demeure, la fiancée commence par rendre à la porte de cette maison un hommage qui nous paraît assez singulier : elle enduit les montants de cette porte, ou d'huile, ou de graisse de loup ou de porc, et les frotte avec de la laine. Rappelons-nous que la porte, comme le foyer, comme le pilier, est dans les civilisations primitives l'objet d'un véritable culte, et nous comprendrons alors ce geste bizarre. Il se peut aussi qu'on doive tenir compte des substances qui y sont utilisées : user de graisse de loup ou de porc pour oindre un objet, c'est le consacrer en quelque sorte au loup et au porc, qui sont deux animaux sacrés dans la Rome primitive. — Je ne sais si l'on ne doit pas expliquer par la raison que j'invoquais tout à l'heure le rite qui a été tant de fois commenté, et qui veut que la nouvelle épouse soit soulevée par son mari pour franchir le seuil. Les uns ont vu là un symbole de la pudeur de la jeune fille, qui ne doit pas avoir l'air de venir librement chez un homme ; d'autres, une survivance du mariage par enlèvement ; d'autres, une précaution pour que la femme ne heurte pas du pied le seuil de la maison, ce qui serait de mauvais présage. Ne pourrait-on pas dire que le seuil est sacré comme la porte, que seuls les initiés peuvent le toucher impunément, et que la jeune femme, encore profane par rapport à la religion de son mari, ne peut s'exposer à ce contact sans commettre un sacrilège ?

C'est en effet auprès du foyer de l'époux qu'elle va recevoir l'initiation définitive : on lui présente l'eau et le feu, l'eau lustrale et le feu domestique, objets d'une telle importance religieuse que, chez les Romains, excommunier quelqu'un, c'est lui interdire l'eau et le feu. Et enfin, assis sur deux sièges jumeaux, qui sont recouverts d'une toison de brebis, les mariés mangent ensemble le gâteau de farine d'épeautre qui donne son nom à la *confarreatio.* Nous retrouvons là, d'une part, le sacrifice du mouton, rite pastoral, et d'autre part la manducation solennelle du pain, rite agricole, les deux formes d'oblation que nous avons observées un peu plus haut, et dont l'union se manifeste sans cesse dans la religion romaine.

Nous n'irons pas plus avant, et nous néglig rons les divinités d'une espèce hardiment natu raliste qui président à l'union charnelle. Mêm en les laissant dans l'ombre, que de dieux dif férents, et que d'objets divins nous avons déjà rencontrés ! Culte des grands dieux qui nous sont connus par la mythologie, Junon, Jupiter, Mars, Cérès ; culte des animaux, loup, bœuf, porc, mouton, oiseaux ; culte des plantes, fleurs et fruits, épis de blé, noyer, pin, aubépine ; culte des choses inanimées, seuil ou porte : toutes les parties de la religion romaine sont représentées dans cette cérémonie. Et cela, d'après les idées du temps, lui imprime une marque éminente. Un acte auquel sont associées toutes les forces du monde divin, acquiert de ce fait un prestige tout à fait auguste et une puissance sanctifiante d'une intensité incomparable. Plus l'analyse nous fait apparaître le caractère composite des rites nuptiaux, plus nous comprenons quelle devait en être, aux yeux des Romains, l'efficacité sacrée.

Ajoutons que l'Etat les revêt de son autorité. Dans la *confarreatio*, ce ne sont pas des prêtres quelconques qui prennent les auspices, c'est le Grand Pontife et le Flamine de Jupiter, c'est-à-dire ceux qui exercent deux des sacerdoces publics les plus importants. D'autre part, la *dextrarum iunctio*, qui traduit le pacte de consentement mutuel, a lieu devant dix témoins, qui représentent les dix subdivisions du patriciat : par l'entremise de ces témoins, c'est la société patricienne entière qui assiste au mariage de deux de ses enfants, l'enregistre, le sanctionne. Enfin, si la *confarreatio* proprement dite s'accomplit au foyer, qui est comme le temple de la famille, elle est précédée de sacrifices qui se célèbrent dans les temples de la cité. Le mariage n'est donc pas chose strictement domestique et privée ; l'Etat, y ayant un intérêt, y prend une part directe. Ainsi s'accroît encore la « majesté » de l'union contractée dans de telles conditions : rien ne lui manque des consécrations religieuses ni des investitures sociales ; elle a autour d'elle, comme garants, tous les dieux et tous les hommes.

II

Cette dignité éminemment vénérable du mariage par *confarreatio* est la cause de l'espèce d'attrait qu'il exerça sur les classes inférieures, et qui se traduisit par la création d'autres types conjugaux. La *confarreatio*, comme on l'a vu, était le privilège des patriciens, les seuls qui eussent une religion domestique, un culte du foyer et des ancêtres. Les unions plébéiennes ne pouvaient avoir le même caractère sacré. Aussi les patriciens professaient-ils envers elles le dédain le plus superbe : ce n'étaient, suivant eux, que des accouplements formés au hasard, comme ceux des bêtes, *conubia promiscua*, *more ferarum*. Les plébéiens acceptaient du reste cette opinion insultante : de bonne foi, ils se croyaient inférieurs sur ce point comme sur tous les autres ; les rites dont les nobles gardaient le monopole et entretenaient le mystère leur inspiraient un respect apeuré. Quand ils commencèrent à forcer les portes de la cité, ils souffrirent de cette déchéance ; ils voulurent rivaliser avec ceux qui les avaient si insolemment méprisés, avoir, eux aussi, des mariages réguliers, *iustae nuptiae*. Il ne leur était pas licite d'employer la *confarreatio* : ils eurent donc recours à des équivalents approximatifs. Ce qu'il y avait de plus auguste dans la vieille société romaine, après les rites religieux, c'était le droit de propriété, qui d'ailleurs, tout à fait au début, était placé lui aussi sous la sauvegarde de la religion. On appliqua au mariage la procédure suivie pour l'acquisition de la propriété, ou plutôt les procédures, car il y en avait deux :

on pouvait devenir propriétaire par achat ou par usage, et de même on put acquérir la puissance maritale par achat ou par usage. Dans le premier cas, celui de la *coemptio*, le père de la jeune fille faisait à l'époux une vente fictive de son autorité paternelle, et cette vente, comme celle des biens ordinaires, se consommait par les formalités requises, par la monnaie et le poids, *per aes et libram*, avec l'entremise d'un arbitre ou *libripens*, et en présence de témoins en nombre déterminé. Dans le second cas, celui de l'*usus*, la femme devenait la propriété de son mari par un an de cohabitation. Par l'un ou l'autre de ces deux moyens, l'époux acquérait la *manus*, qui, dans la *confarreatio*, résultait immédiatement de l'acte religieux. Il pouvait y avoir d'ailleurs, et il y eut effectivement, des mariages sans acquisition de la *manus*, mais les deux types que je viens de décrire sont intéressants parce qu'ils révèlent un effort pour s'approcher de la *confarreatio* aussi près que cela est possible pour des non-patriciens, pour des profanes. Cette intention s'affirme également dans la ressemblance des cérémonies extérieures. Ceux qui se marient par *coemptio* ou par *usus* sont obligés, cela s'entend, de renoncer à ce qui est la partie essentielle de la *confarreatio*, la manducation en commun du gâteau d'épeautre ; mais, à part cela, — et à part une diminution dans le nombre des témoins[1], — la fête conjugale se déroule suivant la même formule. Ces deux variétés de mariage ont beau être d'origine plébéienne et laïque, — laïque en ce sens que le droit de l'époux n'y résulte pas de l'accomplissement d'un rite : — malgré cela, on met une sorte de point d'honneur à les calquer, aussi fidèlement qu'on le peut, sur le mariage religieux et patricien.

Assez vite, d'ailleurs, cette répartition des divers types matrimoniaux entre les diverses classes sociales cesse de subsister : non pas que les plébéiens soient admis à la *confarreatio* (cela serait un sacrilège), mais ce sont les patriciens qui recourent à la *coemptio* et à *l'usus*. La *confarreatio* reste patricienne de nature : seulement elle n'existe plus ; elle devient chaque jour plus rare ; à l'époque classique, ce n'est guère qu'un vague souvenir. Lorsque le patriciat perd son vieil esprit conservateur et religieux, il renonce à ce rite, que ses voisins lui

1. Cinq témoins dans la *coemptio* au lieu de dix dans la *confarreatio*.

enviaient comme un honneur, et qui lui pèse, à lui, comme une charge. C'est que la *confarreatio*, malgré tout, se distingue un peu des autres formes conjugales ; elle s'en distingue par des traits qui la rendent plus gênante : elle est plus solennelle, plus compliquée, et surtout elle produit des effets plus durables, presque indélébiles. — Nous touchons ici à la question du divorce, une de celles sur lesquelles les historiens de Rome ont émis le plus d'opinions divergentes.

On a souvent répété, sur la foi d'un texte assez obscur d'Aulu-Gelle, que le premier divorce avait été celui de Sp. Carvilius Ruga, vers l'an 230 avant notre ère. Rien n'est moins certain : il semble qu'en réalité Carvilius Ruga soit simplement le premier qui ait réussi à divorcer sans rendre la dot, ce qui fait honneur à son ingéniosité, mais ce qui ne tranche pas la question. Cicéron cite une disposition de la Loi des XII Tables relative au divorce. Avec Plutarque, nous remontons encore plus haut : à l'en croire, une loi de Romulus aurait autorisé le mari à répudier sa femme dans des cas déterminés, et beaucoup d'historiens en ont conclu que la législation primitive, celle que symbolise pour nous le nom du fabuleux Romulus, admettait le divorce lorsque la femme s'était rendue coupable de certaines fautes. C'est peut-être discutable, et voici qui me met en défiance. Dans le droit que nous connaissons, le Flamine de Jupiter, qui doit être issu d'un mariage par *confarreatio*, ne peut pas répudier son épouse : n'est-ce pas une survivance restreinte d'une prohibition jadis plus générale ? Quoi qu'il en soit, si, à l'époque primitive, le mariage religieux n'a pas été indissoluble, du moins a-t-il été très difficile à dissoudre. Non seulement il fallait que la femme eût commis des délits caractérisés, non seulement il fallait que le mari eût pour lui l'approbation du tribunal domestique, mais il y avait, pour sortir de cette union comme pour y entrer, une cérémonie obligatoire, la *diffarreatio*. En quoi consistait-elle? nous l'ignorons ; le terme indique qu'elle était l'inverse du rite nuptial, et nous savons qu'elle était accompagnée de formules liturgiques « effrayantes, étranges, et odieuses », d'une sorte d'imprécation ou d'anathème. Pour des imaginations naïves, un moyen aussi impressionnant devait paraître très dangereux à utiliser, et l'on ne devait y recourir qu'en cas de nécessité extrême. Les facilités de rupture sont bien plus grandes dans la *coemptio* et l'*usus*. Le mari qui a acheté fictivement sa femme n'a qu'à la revendre fictivement, sans mettre en jeu l'appareil imposant et terrible de la religion. Dans l'*usus*, c'est encore plus simple : pour peu que la cohabitation ait été interrompue pendant trois nuits par an, la femme ne tombe pas « dans la main » de son mari, et par conséquent il est aisé de lui rendre une liberté qu'elle n'a pas même perdue. On comprend que des patriciens chez lesquels s'est affaibli le sens de la tradition familiale, qui ne subordonnent plus comme autrefois leurs goûts personnels à l'intérêt de leur maison, soient tentés de préférer ces formes de mariage plus commodes, moins menaçantes pour leur indépendance.

Autre différence. Dans les premiers temps de l'histoire romaine, si quelques textes nous parlent de la faculté de répudiation pour le mari, rien ne nous dit que la femme ait possédé le même droit. Cela se comprend. L'acte religieux l'a à la fois associée et subordonnée à son mari : les droits que cet acte a pu lui conférer ne sauraient être invoqués par elle contre l'union qui en est résultée. Elle est légitimement fondée, tant qu'elle ne s'est pas exposée à la déchéance par sa propre faute, à réclamer la persistance du mariage : rien ne l'autorise à en demander la dissolution. — Dans la *coemptio*, au contraire, le père qui a « vendu » sa fille peut poursuivre la rescission de la vente ; et par analogie, si la femme est sortie de tutelle avant son mariage, la même faculté lui est reconnue. Dans l'*usus*, le bénéfice du *trinoctium* peut être exploité aussi bien par la femme que par le mari. En fait, à partir du moment où ces deux espèces de mariage prévalent sur l'antique *confarreatio*, les divorces se multiplient, mais l'initiative semble venir surtout des femmes. Les maris, même ceux qui se plaignent le plus de la vie conjugale, comme ceux que nous voyons dans les comédies de Plaute, aiment encore mieux garder leur femme pour garder la dot. Les femmes, par contre, ont sans cesse à la bouche le mot de divorce : dès qu'on résiste à leurs caprices, elles songent à ce remède devenu si banal ; et tantôt, par une sorte de chantage, elles terrorisent et asservissent leurs maris ; tantôt elles passent des paroles aux actes, et les unions se défont aussi aisément qu'elles se sont faites. A la fin de l'époque républicaine, on divorce à volonté, pour n'importe quel motif. Autant le vieux mariage religieux s'était montré, sinon indestructible au sens strict du mot, du moins solide et résistant dans la plupart des circonstances, autant les formes nouvelles qui en ont bien conservé l'apparence extérieure, mais non le principe essentiel et la croyance fondamentale, s'avouent impuissantes à arrêter le flot de la fantaisie individuelle et de la sensualité débordante.

Il est superflu de rappeler ici les plaintes et les sarcasmes qu'a fait naître cette épidémie de divorces. Tout le monde a entendu citer les exemples typiques de la fille de Cicéron et de celle d'Auguste, trois fois mariées l'une et l'autre. Tout le monde se souvient des vers de Juvénal contre les femmes qui trouvent le moyen d'avoir huit époux en cinq ans, de la boutade où Sénèque prétend que les femmes désormais comptent les années non plus par les noms des consuls, mais par ceux de leurs maris. Je me demande même si tout cela n'est pas trop connu. A répéter complaisamment ces bons mots et ces anecdotes amusantes, ne risquons-nous pas de prendre une idée inexacte de la société romaine ? Il y avait certainement, à l'époque de César, d'Auguste et de Tibère, beaucoup d'hommes et de femmes, — de femmes surtout, — qui usaient du divorce à cœur joie. Mais il y avait aussi de bons maris et de bonnes épouses. Seulement, ceux-là, nous les ignorons, et nous ne pouvons pas ne pas les ignorer. Les historiens ne nous parlent des faits de la vie privée que lorsqu'ils font un bruit exceptionnel; ils n'interrompraient pas leur récit pour nous parler de ménages tranquilles et réguliers. Les avocats ne nous entretiennent, par définition, que des gens qui ne s'accordent pas entre eux et qui se reprochent mutuellement des fautes plus ou moins scandaleuses. Les moralistes et satiriques, de leur métier, sont portés à voir surtout le mal pour pouvoir le flétrir ou le railler. Les braves gens, comme les peuples heureux, n'ont pas d'histoire ; c'est à peine si de temps en temps un hasard les fait sortir de l'ombre et nous remémore leur existence. Il faut saisir avec empressement ces rares occasions, et c'est ce que je voudrais faire pour quelques textes où il me semble que nous voyons assez bien la persistance, en un siècle corrompu, de l'ancienne et forte conception du mariage.

L'un de ces textes nous est fourni par un

poète chez qui l'on ne s'attendrait guère à le trouver, étant donnée sa réputation de sensualité licencieuse : c'est l'épithalame composé par Catulle pour les noces de Manlius et de Junia[1], fort jolie pièce, d'un rythme gracieux et rapide, remplie de détails pittoresques empruntés aux fêtes conjugales, très souple de ton et très variée d'intérêt. Au début, vient une élégante description du dieu Hymen, que le poète imagine revêtu du costume nuptial, la tête ceinte de fleurs, et ses pieds blancs chaussés de brodequins dorés ; puis un portrait de la jeune fiancée, comparée à « un myrte brillant, aux rameaux fleuris, que les divines hamadryades font croître en le nourrissant d'humide rosée ». Plus loin, nous assistons au contraire à une scène réaliste : ce sont des plaisanteries adressées au mari et à son esclave favori, plaisanteries assez libres, où l'on trouve un écho du « divertissement fescennin », *fescennina iocatio*.

Mais entre les deux, au centre pour ainsi dire du poème, il y a quelques strophes d'un accent tout autre, où l'on sent que le poète a compris tout ce que représente de sérieux, de grave, d'austère même, l'union de deux nouveaux

1. Cat., LXI.

époux. « C'est toi, dit-il à l'Hymen, c'est toi qui amènes entre les mains de l'ardent jeune homme la jeune fille enlevée aux bras maternels... Sans toi, Vénus ne peut jouir d'aucun plaisir avoué par l'honneur ; mais elle le peut si tu le veux : qui oserait se comparer à un dieu comme toi ? Sans toi, aucune maison ne peut se créer d'enfants, aucun père s'appuyer sur une postérité ; mais cela se peut si tu le veux : qui oserait se comparer à un dieu comme toi ? Un Etat qui ne te rend pas de culte ne peut donner des chefs à son territoire ; mais il le peut si tu le veux : qui oserait se comparer à un dieu comme toi ? » On peut reconnaître, dans cette triple invocation, bien autre chose qu'une amplification banale : d'une strophe à l'autre, la pensée du poète devient plus imposante, son horizon s'élargit. Il ne songe d'abord qu'à l'union amoureuse des deux individus, bien que déjà il ait soin d'insister sur la dignité nouvelle qu'elle prend une fois sanctionnée par l'Hymen. Mais bientôt, se rappelant la formule consacrée, qu'on se marie « pour avoir des enfants », *liberum quaerendorum* ou *creandorum causa*, il affirme la haute importance du pacte conjugal, non plus seulement pour Manlius lui-même ou pour Junia, mais pour la race, pour la tradition dont ils sont les héritiers et les continuateurs : l'individu est ici absorbé dans la famille. Et la famille, à son tour, est absorbée dans la patrie : se marier est un devoir envers l'Etat, auquel il faut fournir les citoyens qui lui sont nécessaires ; ou plutôt le poète ne dit pas « des citoyens », mais « des gouvernants, des dirigeants », *praesides ;* le mot, à cette place, montre très bien le sentiment du devoir en quelque sorte professionnel, encore vivace malgré tout dans l'aristocratie latine.

Vers la fin du poème, cette idée des fins sociales du mariage revient encore, et se mêle de la plus heureuse façon aux exhortations amoureuses. « Il serait plus aisé, dit Catulle aux jeunes époux, de dénombrer les grains de la poussière ou les astres qui étincellent au ciel que de compter vos baisers. Aimez-vous à votre gré, et bientôt donnez-nous des enfants. Il ne faut pas qu'un si vieux nom reste sans enfants ; il faut qu'il se renouvelle sans cesse sur la même souche. » Je connais peu de pièces d'une inspiration plus savoureuse que ce chant nuptial, où s'associent tant de fougue passionnée et tant d'élévation morale et patriotique. Et que ces pensées si nobles, dans un jour de réjouissances surtout mondaines, soient venues à l'esprit d'un poète aussi libre que Catulle, cela prouve, à mon avis, que le souvenir du vieux mariage patricien, des grands intérêts qu'il symbolisait, des vertus qu'il exigeait, n'était pas encore disparu des âmes frivoles de cette époque.

En regard de cette œuvre, pleine de jeune et robuste allégresse, la poésie latine nous offre une image plus triste, mais non moins significative : je veux parler de l'éloge funèbre composé par Properce pour Cornelia, femme de L. Aemilius Paullus, et belle-fille d'Auguste[1]. C'est une des œuvres les plus émouvantes de ce poète. si profond malgré son apparente obscurité ; c'est surtout une de celles qui nous peignent sous le jour le plus respectable les mœurs de la noblesse au début de l'ère impériale. Cornelia est censée parler elle-même, suivant un usage fréquent dans les épitaphes, et plaider sa cause devant le tribunal des enfers. Elle commence, et ceci est très romain et très patricien, par vanter l'illustration de ses aïeux : les Scipions, vainqueurs de Carthage et de Numance, et les Scribonii Libones, « deux maisons, dit-elle, ap-

1. Prop., IV, 11.

puyées sur des titres glorieux ». Mais très vite elle arrive à parler de son mariage. « Bientôt, dès que j'eus quitté la robe prétexte pour les flambeaux de l'hymen, je fus unie à ton lit, Paullus, à ce lit que je ne devais quitter que pour mourir : on lira sur mon tombeau que je fus la femme d'un seul homme. » Elle emploie ici la formule courante de l'épigraphie funéraire, où les *uniuirae* n'oublient jamais de se glorifier de ce titre. « J'en jure par les cendres de mes ancêtres, si vénérables pour Rome, par l'Afrique captive, prosternée aux pieds de leurs statues, par Persée, descendant d'Achille et son rival en courage, et par celui qui brisa les portes de son palais, non je n'ai point souillé les lois de la censure ni fait rougir votre race d'aucune faute ; je n'ai causé nulle honte à vos trophées, au contraire, j'ai été moi-même un modèle dans une famille si glorieuse. Ma vie n'a pas changé, elle est toute sans reproche : j'ai vécu, fière, de la torche nuptiale à la torche funèbre. » Elle rappelle ensuite les enfants qu'elle a donnés à son époux, les honneurs exercés par lui ou par son propre frère. Cette autobiographie donne bien l'idée de ce qu'était alors, au moins à certains foyers, la vie d'une matrone de l'aristocratie, vie toute de probité et de gravité, ennoblie par la mémoire des grands exploits du passé, consacrée à l'accomplissement des devoirs familiaux et à la formation d'une postérité digne des ancêtres, dominée d'un bout à l'autre par la pensée de la race à continuer pieusement.

Tout cela semble-t-il un peu froid, un peu trop orgueilleusement patricien ? ne nous hâtons pas de juger si sévèrement l'âme de la morte. Lorsqu'elle a achevé de rendre témoignage à sa noblesse et à sa vertu, elle se laisse aller à des paroles un peu plus attendries ; elle songe à ceux qui sont restés sur la terre, et, dans l'angoisse que lui cause la pensée de leur solitude, elle découvre la profondeur jusqu'alors cachée de son âme d'épouse et de mère. Ses préoccupations affectueuses, d'une infinie délicatesse, rompent l'enveloppe un peu conventionnelle de décorum aristocratique où elle s'était comme enfermée ; son langage n'est plus seulement celui d'une grande dame de Rome ; n'importe quelle petite bourgeoise ou femme du peuple pourrait le tenir aujourd'hui encore à son mari : « Je te recommande ces enfants, gages de notre commune tendresse ; c'est leur souci qui vit encore dans mes cendres. Père, sois pour eux une mère ; porte à ton cou toute cette troupe de mes petits. Quand tu leur auras donné, parmi leurs pleurs, tes propres baisers, ajoutes-y ceux de leur mère ; toute la maison, maintenant, repose sur toi. Si tu dois gémir, que ce soit en leur absence ; dès qu'ils viendront, sèche tes joues pour tromper leurs embrassements. Contente-toi des nuits où mon souvenir te tourmentera, des songes où tu croiras me voir ; quand tu parleras à mon image, adresse-lui chaque mot comme si elle devait te répondre. Si pourtant un nouveau lit nuptial se dresse en face de la porte, si une marâtre rusée vient s'asseoir à ma place, acceptez, mes enfants, et supportez le mariage de votre père : sa femme s'avouera vaincue par votre douceur. Ne louez pas trop votre mère : comparée à moi, elle prendrait vos libres propos pour des offenses. Si au contraire Paullus se contente du souvenir de mon ombre, s'il attache un tel prix à mes cendres, apprenez dès aujourd'hui à adoucir la vieillesse qui va venir pour lui ; ne laissez pas approcher de lui les soucis du veuvage. »

Cette admirable exhortation présente quelques

traits curieux. On peut noter, par exemple, que Cornelia ne se met pas tout à fait sur un pied d'égalité avec Paullus : elle qui était si fière d'avoir appartenu à un seul homme, elle accepte sans trop de répugnance l'hypothèse que son époux puisse contracter un nouvel hymen. Mais ce qui domine ici, c'est l'intensité de l'affection familiale, le sentiment profondément enraciné que tous ceux qui ont vécu au même foyer, père, mère, enfants, continuent à ne faire qu'un malgré la séparation suprême, — un peu comme dans les vers merveilleux de *Booz endormi :*

> Et nous sommes encor tout mêlés l'un à l'autre,
> Elle à demi vivante, et moi mort à demi.

Cette idée de l'union intime et totale, pour la vie et au delà de la vie, du dévouement plus fort que la mort, est d'autant plus touchante qu'elle s'exprime ici sans aucune emphase, avec un pathétique sobre et voilé. Très romaine par certains côtés, très moderne et presque chrétienne par d'autres, cette belle élégie fait honneur, non seulement au poète qui a traduit cette conception à la fois sévère et douce de l'amour conjugal, mais à la société où il en a puisé l'inspiration.

Properce, dira-t-on, est un poète, et il y a peut-être autant de fiction que de vérité dans le tableau qu'il nous offre. — Mais voici un homme qui n'est pas un poète, pas un « littérateur », et qui nous parle de choses qu'il connaît bien. C'est un grand seigneur du temps d'Auguste, qui a fait graver sur la pierre l'éloge funèbre de sa femme[1]. Ce discours est loin d'avoir la valeur d'art du poème de Properce, mais il nous donne, de la vie conjugale d'alors, une impression à peu près analogue. C'est un très bon ménage que celui auquel la mort vient de mettre fin : il a duré 41 ans, non seulement sans divorce, mais sans le moindre heurt, et le survivant s'en félicite comme d'un privilège assez rare. Il loue les vertus familiales de sa femme : pudeur, obéissance, bonne grâce, souplesse de caractère, assiduité aux travaux domestiques, piété sans superstition, discrétion dans la toilette et modération dans les dépenses. On remarquera en passant combien cette énumération conserve de vestiges de l'époque archaïque ; même le *lanificium* y est mentionné, tout comme à l'époque de Brutus et de Lucrèce. On notera aussi que, comme tout à

1. *Corp. Insc. Lat.*, VI, 1527.

l'heure chez Properce, la femme est représentée avec des vertus qui sont surtout des vertus, sinon d'esclave, au moins d'inférieure et de protégée ; l'inégalité des sexes est un principe accepté avec autant de franche simplicité par les maris et par les femmes. Vient ensuite une allusion aux rapports de la femme avec la famille de son mari : celui-ci la remercie de la douceur qu'elle a témoignée à sa belle-mère, et il y insiste assez pour nous faire supposer que ce n'était pas très commun. Cependant il ajoute que ces mérites dans la vie domestique ne lui appartiennent pas en propre : ce sont les qualités communes de toutes les matrones qui veulent avoir bonne renommée.

Que trouve-t-il donc qui ait été le privilège exclusif de celle qu'il a perdue ? Des choses qui nous paraissent assez inégalement importantes, et d'abord une à laquelle il a l'air d'attacher beaucoup de prix. Cette femme, qui avait la libre disposition de sa dot, en a abandonné l'administration à son époux ; ils ont mis en commun tous leurs biens. Ils l'ont fait d'ailleurs sans esprit de lucre, le mari engageant même son patrimoine pour doter des jeunes filles parentes de sa femme. C'est lui qui le dit, et on sent qu'il n'est pas fâché de le dire. Mais s'il a le tort de le dire un peu trop haut, il a eu le mérite de le faire, et tout cet exposé financier, un peu long, a au moins l'avantage de faire revivre à nos yeux la gestion budgétaire d'un ménage romain, gestion où il entre tout ensemble beaucoup de sens pratique et beaucoup de solidarité.

Brusquement, cette vie si calme et si bien ordonnée est bouleversée par la terrible crise politique des guerres civiles. Le mari embrasse le parti de Pompée ; sa femme apaise tant qu'elle peut son zèle imprudent, pas assez cependant pour le préserver de la catastrophe imminente. Il est proscrit par les triumvirs. Elle le fait cacher, va prier en sa faveur un des triumvirs, Lépide, en est fort mal reçue, est repoussée brutalement par ses gardes du corps, réussit tout de même à le faire souscrire à la grâce qu'Octave a accordée de son côté. Cette partie du discours, qui met bien en relief l'héroïsme de l'épouse défunte, est intéressante surtout pour l'histoire des événements publics.

Ce qui suit concerne davantage l'histoire des mœurs. Après le rétablissement de l'ordre, les deux époux reprennent leur vie tranquille, mais un gros chagrin les assombrit ; ils vont vieillir sans enfants. « Alors » (je laisse la parole au mari), « désespérant d'être féconde et te désolant de me voir sans postérité, ne voulant pas qu'en te gardant comme femme je perdisse tout espoir de descendance, et que cela me rendît malheureux, tu as parlé de divorce. Tu as dit que tu laisserais la maison s'ouvrir à une autre épouse plus heureuse. Ta seule intention était, dans ton dévouement bien connu, de me chercher toi-même un parti digne de moi. Tu affirmais que tu regarderais mes enfants comme les tiens, que tu ne séparerais pas nos deux fortunes jusqu'ici confondues, mais que je continuerais à en avoir la direction, et toi, si je le voulais, l'administration ; que tu ne te distinguerais et ne t'isolerais en rien de la vie commune, et que tu me rendrais tous les devoirs et toute l'affection d'une belle-mère ou d'une sœur. » Voilà une proposition qui nous semble aussi héroïque que la démarche auprès de Lépide ! On a souvent discuté de nos jours sur les différentes espèces et les différents motifs du divorce, pour cause grave ou légère, pour sévices ou pour incompatibilité d'humeur ; mais je ne crois pas qu'on ait eu à envisager ce cas particulier, le divorce par dévouement. Il y a bien eu des déclarations analogues dans le discours officiel de Joséphine en 1809,... seulement elles lui étaient imposées par Napoléon. Ici, au contraire, le mari, loin de suggérer à sa femme cette abnégation, la refuse et même s'en fâche : « Je fus, il faut que je l'avoue, si bouleversé, que j'en fus comme hors de moi ; j'eus horreur de ton projet, et pus à peine me ressaisir. Quoi ! parler de séparation avant que la loi ne nous en fût imposée par le destin !... Mais non ! tu es restée auprès de moi, je ne pouvais consentir à ton dessein sans me déshonorer et sans être aussi malheureux que toi. »

Cet assaut de générosité entre les deux époux, si pathétique qu'il soit, n'est pourtant pas invraisemblable. Etant donnée l'importance que les anciens attachaient à la perpétuité de la famille, l'horreur que leur causait l'*orbitas* (l'état de l'homme qui vieillit sans enfants), il est naturel qu'une femme dévouée et soucieuse du bonheur de son mari, un peu disposée d'ailleurs, comme nous l'avons vu, à se considérer comme sa servante, ait songé à lui offrir cet extrême et douloureux sacrifice. Deux ou trois siècles plutôt, le mari l'aurait sûrement accepté, et, à cette époque même, bien d'autres l'auraient provoqué spontanément. Mais, dans le cas présent, un autre sentiment entre en conflit avec le désir de progéniture, un sentiment très antique lui aussi par ses origines, celui du mariage indissoluble. D'un côté comme de l'autre, le don de soi à autrui est sans réserve, bien qu'il produise des effets contraires : c'est dans le désintéressement de leur affection que tous deux puisent la force, l'une de proposer la rupture, et l'autre de la refuser.

Admettons maintenant que l'héroïne de ce discours funèbre et la Cornelia de Properce ne soient que des exceptions. Je crois en effet qu'il serait imprudent de se figurer sur leur modèle toutes les femmes d'alors. Il n'en est pas moins vrai que des documents de cette espèce doivent nous empêcher de porter sur les mœurs conjugales des contemporains de César et d'Auguste un jugement trop absolu. Assurément l'ancien mariage n'existe plus, le mariage vraiment religieux : les cérémonies n'en ont survécu que comme de vaines pratiques, qui ne sont plus vivifiées par une foi profonde et sûre. Mais si la conception religieuse du mariage a péri, la conception morale et sociale, qui s'y rattachait primitivement, subsiste encore. Quand je dis qu'elle subsiste, je n'entends pas qu'elle soit universellement pratiquée; il s'en faut de beaucoup. Mais elle vit à l'état de principe, de principe reconnu implicitement par ceux mêmes qui s'en écartent, rappelé à l'occasion par les poètes même les plus audacieusement érotiques, — et de principe réalisé par une certaine catégorie de personnes plus fidèles aux anciennes mœurs. Ces personnes-là sont-elles plus ou moins nombreuses que celles qui suivent librement le cours de leurs fantaisies ? nous n'avons aucun moyen de le savoir. Mais elles existent, et cela nous suffit, — parce que c'est sur ces pierres échappées à l'écroulement de l'ancien édifice que l'on va essayer de bâtir les réformes nouvelles.

III

Ces réformes sont assez nombreuses dans l'histoire de l'Empire. Toutes ne sont pas inspirées du même esprit, et toutes n'ont pas le même succès, mais elles s'accordent du moins en ceci qu'elles ont pour but de restaurer la conception sérieuse et forte du mariage dans une société qui en a trop perdu le souvenir.

De toutes ces tentatives pour revenir en arrière et combattre le relâchement des mœurs modernes, celle qui a fait le plus de bruit, — sinon la plus utile besogne, — est celle à laquelle Auguste s'est si obstinément appliqué. Les lois qui lui ont été suggérées par cette intention constituent un ensemble très homogène, et témoignent d'un zèle énergique pour remettre le mariage en honneur. D'une part, en effet, Auguste le rend à peu près obligatoire, en portant des pénalités rigoureuses contre les célibataires des deux sexes et en réservant certains honneurs, certaines fonctions officielles, aux gens mariés pères de trois enfants. D'autre part, il rend le mariage plus facile aussi, en permettant à tous les citoyens, sauf à ceux de l'ordre sénatorial, d'épouser des affranchies. En outre, il le rend plus respectable, en condamnant très sévèrement les adultères. Et enfin, s'il ne peut pas ou n'ose pas le rendre indissoluble, parce que l'assentiment général ne le suivrait pas jusque là, il essaie du moins de faire que la rupture en soit plus difficile. Dorénavant, la procédure du divorce ne sera plus ouverte à toutes les femmes : les affranchies en seront exclues. Même dans les autres cas, il faudra des formalités plus compliquées, la présence de sept témoins, etc. Il semble aussi que la partie contre laquelle le divorce est prononcé soit soumise à certaines peines, sur lesquelles, il est vrai, nous ne sommes pas très exactement renseignés. Bref, à défaut d'interdiction, c'est une limitation du divorce, qui, elle aussi, concourt à renforcer l'institution du mariage.

L'opinion publique paraît avoir adhéré avec empressement, avec enthousiasme même, aux mesures prises par Auguste. Horace, par exemple, déclare que la souillure apportée au mariage par des générations coupables, et le trouble jeté dans la vie domestique, sont les vraies causes des fléaux qui désolent le peuple romain [1]. Il proclame que, si un chef d'Etat veut mériter le nom de père de la patrie, il doit oser réfréner la licence des mœurs [2]. Dans le plus solennel de ses poèmes, le *Chant Séculaire*, il place parmi les lois les plus importantes, les plus dignes d'attirer la bénédiction céleste, celles qui ont pour objet de régler l'union con-

1. Hor., *Carm.*, III, 6.
2. Hor., *Carm.*, III, 24.

jugale, *decreta super iugandis feminis*[1]. Virgile va plus loin : son ardeur à seconder les intentions moralisatrices du prince se traduit jusque dans le soin qu'il prend de transformer la conduite des personnages de l'antique épopée. Il croirait pécher contre les principes de la vertu s'il décrivait l'amour d'Enée et de Didon comme une simple intrigue romanesque. La passion de la reine de Carthage, quoiqu'elle ne soit pas ratifiée par le destin, prend parfois l'aspect d'une tendresse conjugale, et, avant de céder à son penchant, l'héroïne fabuleuse invoque, comme une fiancée romaine, les divinités protectrices du mariage, Junon, Apollon, Cérès et Bacchus[2]. D'une manière générale, tous les écrivains ont loué les efforts réformateurs d'Auguste, par flatterie quelquefois sans doute, mais plutôt encore pour se mettre d'accord avec les idées et les aspirations de la société contemporaine.

Cependant ces efforts ont été vains. Après Auguste comme avant lui, on a continué à ne pas se marier beaucoup, ou à ne se marier qu'avec l'espoir de sortir du mariage par le

1. Hor., *Carm. Sæc.*, 18.
2. Virg., *Aen.*, IV, 58-59.

divorce, ou de le tempérer par l'adultère. Cet échec, dont Auguste paraît s'être aperçu lui-même dans les dernières années de son règne, et dont il a dû cruellement souffrir, est probablement imputable à plus d'une cause. Il y a d'abord une raison personnelle à l'empereur et à son entourage. L'œuvre qu'ils ont entreprise était condamnée à rester inefficace parce qu'elle semblait insincère. Je dis qu'elle le semblait; je ne dis pas qu'elle le fût. Je crois, au contraire, que, de très bonne foi, ils étaient convaincus que l'immoralité présente créait un grand danger social, et qu'il fallait réagir. Seulement cette conviction restait, si je puis dire, dans leur intelligence ; elle ne descendait pas de leur cerveau pour se traduire dans leurs sentiments ou leurs actes. Auguste, qui condamnait le divorce, avait divorcé lui-même, et épousé une divorcée, — sans parler de ses débauches extra-conjugales, et de sa liaison avec la femme de son ministre Mécène. Il a fait épouser à sa fille successivement tous les héritiers présomptifs de l'empire. Les deux consuls dont le nom est resté attaché à la loi contre le célibat étaient l'un et l'autre célibataires. Les poètes qui ont célébré les réformes d'Auguste se sont bien gardés de les appliquer pour leur propre compte : Horace n'a jamais été marié, ni Virgile, ni Tibulle, ni Properce. Ovide l'a été, et jusqu'à trois fois, mais ses femmes successives ont tenu si peu de place dans son existence ! S'il nous parle un peu longuement de la dernière en date, c'est quand il est loin d'elle, en exil, et qu'il a besoin de ses démarches pour rentrer à Rome. Et puis, on ne peut vraiment pas soutenir que l'*Art d'aimer* soit une apologie de la vie conjugale ! Non, depuis le souverain jusqu'aux poètes, en passant par les ministres, les consuls et les grands personnages officiels, tous prêchent de parole beaucoup plus que d'exemple. Même dans notre monde actuel, cette discordance entre la théorie et la pratique enlèverait beaucoup de prestige aux idées les plus justes et les plus louables : à plus forte raison dans la société ancienne, où l'on n'était pas aussi habitué que nous pouvons l'être maintenant à la séparation entre la doctrine publique et la vie privée. Des lois décrétées par un homme qui vivait d'une façon radicalement opposée aux principes qu'il édictait étaient d'avance annihilées.

Mais, quand bien même Auguste n'aurait pas

autorisé par sa conduite les vices qu'il prétendait combattre, je doute qu'il eût réussi à les extirper. Nous sommes ici en présence d'un cas particulier de cette vérité très générale, que les dispositions législatives les mieux conçues demeurent habituellement impuissantes à modifier la vie morale d'un pays. « Que sont les lois sans les mœurs ? » disait Horace, précisément à ce propos[1]. C'est un axiome que l'on répète tous les jours et que tous les jours on oublie ; mais la réalité se charge de nous le rappeler par des déceptions souvent brutales. Si les hommes et les femmes dont nous avons parlé tout à l'heure continuaient à se conduire sérieusement, honnêtement, dans la vie conjugale, ce n'était point par crainte du châtiment ni par l'appât de quelques distinctions honorifiques, mais bien parce qu'il survivait en eux, plus ou moins consciemment, un peu des antiques mœurs de la famille romaine primitive. Et quant aux autres, à ceux qui subordonnaient tout aux caprices de leur désir, ni les promesses ni les menaces légales n'étaient capables de leur imposer une austérité dont ils ne voulaient plus. Les sanctions édictées par Auguste étaient superflues

1. Hor., *Carm.*, III, 24.

pour les uns et insuffisantes pour les autres. Elles ne s'appliquaient d'ailleurs qu'aux dehors, aux actes matériels ; elles n'allaient pas jusqu'au principe intérieur d'où dérive toute activité. Elles ont eu beau être reprises et aggravées par la suite : elles sont restées dénuées de force vraie, comme l'est toute réforme légale qui ne s'appuie pas sur une réforme morale.

C'est en cela que consiste justement la supériorité des efforts tentés par la philosophie stoïcienne sur ceux que nous venons de voir ébaucher par le gouvernement impérial. La philosophie stoïcienne, on l'a dit bien souvent, a eu les ambitions et les procédés d'une véritable religion : elle a voulu mettre son empreinte sur toute l'existence. Les Romains qui embrassaient cette doctrine n'y adhéraient pas seulement comme à une théorie d'école, mais comme à une règle de vie, *non disputandi causa, sed ita uiuendi*[1]. Cette foi pratique, qui étonnait si fort Cicéron, a fait l'originalité du stoïcisme romain, et sa puissance. Le stoïcisme a eu ses sermons, ses directeurs de conscience, ses lettres édifiantes, sa casuistique, ses retraites, ses exer-

1. Cic., *Pro Mur.*, 62.

cices ascétiques, etc. Il était inévitable qu'il influât sur le mariage comme sur toutes les autres parties de la vie humaine. Sur ce point, son action s'est exercée dans le même sens que celle des prescriptions légales dont nous parlions plus haut, à cela près qu'elle a obtenu plus de résultats ; elle a tendu, comme celle des codes, à renforcer ce qui subsistait des anciennes mœurs, et à ressusciter le mariage dans sa haute et pleine noblesse. Sans doute, — et c'est une lacune très fâcheuse, — les théoriciens de la secte ne nous ont pas tracé d'une manière explicite l'idéal de l'union conjugale telle qu'ils la comprenaient. Le *De matrimonio* de Sénèque, dont nous n'avons conservé que de rares fragments, paraît avoir été surtout une satire du mariage, mais du mariage tel qu'il était trop souvent pratiqué dans la société mondaine d'alors. Cette raillerie vive et spirituelle des abus ne prouve pas que Sénèque fût l'ennemi de l'institution prise en elle-même. On pourrait d'ailleurs en appeler de ses écrits à sa vie personnelle. Ce misogyne sarcastique fut marié deux fois, et sa seconde femme, Pauline, était digne de tout l'amour et de tout le respect qu'elle lui inspira. Elle voulut mourir avec lui, ne vécut qu'à sa prière et pour garder son souvenir, et peu de pages de Tacite sont plus émouvantes que celle où il raconte l'entretien suprême de ces deux héroïques époux.

On pourrait aussi compléter l'opinion de Sénèque sur le mariage par celle de son neveu et disciple Lucain. Il l'a laissé paraître en plus d'un endroit de sa *Pharsale*. Tantôt il nous fait assister aux adieux de Pompée et de Cornelia ; lorsque celle-ci, sur l'ordre de son époux, est forcée de se réfugier à Lesbos pendant la guerre civile, elle proteste au nom de la communauté de sort qui doit les joindre perpétuellement l'un à l'autre : « Connais-tu donc si peu ma fidélité ? crois-tu que je puisse être en sûreté si tu n'y es pas ? est-ce que depuis longtemps nous ne dépendons pas d'un seul et même destin[1] ? » Tantôt il nous montre le même Pompée, après son échec, venant chercher un asile auprès de sa femme et lui demandant « d'aimer sa défaite[2] », ou bien se consolant de mourir par l'idée qu'elle est tout près de lui[3], et cette intime union de leurs deux âmes, à la fois si forte et si tendre,

1. Luc., V, 767 sqq.
2. Luc., VIII, 78.
3. Luc., VIII, 632 sqq.

est un des sentiments qu'a su le mieux peindre le poète stoïcien. Il s'élève pourtant plus haut encore dans l'admirable tableau de l'hymen de Caton et de Marcia[1]. Ils ont été unis jadis, mais, après la naissance de trois enfants, Caton a cédé sa femme à Hortensius son ami, afin qu'elle pût lui donner à lui aussi une postérité : ce trait, peu délicat selon nos idées modernes, est très conforme à celles des anciens sur le but familial et social du mariage. Maintenant, libre par la mort de son second mari, Marcia revient frapper à la porte de Caton, qu'elle n'a cessé d'aimer et d'admirer ; elle veut qu'on puisse graver sur son tombeau ce titre : « Marcia, femme de Caton. » C'est au moment où va s'ouvrir la guerre civile, et elle déclare qu'elle vient revendiquer sa part, non de bonheur, mais de soucis et d'épreuves. Caton, touché de ce dévouement, l'accepte. Et alors, en un curieux parallèle, le poète oppose aux fêtes nuptiales ordinaires ce mariage austère, philosophique, puritain presque, d'une beauté toute morale et intérieure. Ce n'est qu'un pacte, sans vaine pompe, avec les dieux pour tous témoins. Point de guirlandes de fleurs à la porte, point de torches

1. Luc., II, 326 sqq.

éclatantes, point de robe brodée, de couronne, de voile, ni de colliers, point de chants fescennins. Tout cela ne conviendrait ni à la gravité de Caton, ni à l'angoisse de cette heure tragique. « Marcia garde sa robe de deuil ; elle embrasse son mari comme jadis elle embrassait ses enfants... Aucune assemblée de parents n'assiste à leur union, union silencieuse, contractée sous les auspices du seul Brutus ». Pour mieux faire ressortir le sens qu'il y attache, Lucain trace ensuite le portrait de Caton, de ce Caton qui a été le héros, le modèle, le saint du stoïcisme romain ; j'y relève ces mots bien caractéristiques : « l'amour, pour lui, n'a qu'un but : les enfants ; c'est pour l'Etat qu'il est père et qu'il est époux. » Il me semble qu'on voit très bien dans ces vers comment le stoïcisme a repris, en lui donnant un fondement philosophique, la vieille conception latine du mariage, conception virile et grave, qui n'exclut pas la tendresse, tant s'en faut, mais qui la discipline, qui l'élève bien au-dessus de la passion capricieuse et égoïste, qui l'ennoblit en lui assignant une fin sociale d'importance essentielle.

C'est sous l'influence simultanée des maximes stoïciennes et des anciennes mœurs encore vivaces malgré tout que l'on rencontre au Ier et au IIe siècles de l'empire tant de beaux exemples de fidélité et d'abnégation conjugale. Il serait long, il serait superflu, de rappeler toutes les anecdotes édifiantes qu'on pourrait glaner chez les historiens ou dans les lettres de Pline le Jeune. Mais qu'on songe à Porcia, la fille de Caton, disant à son mari Brutus : « Je ne t'ai pas épousé seulement pour être, comme une courtisane, à côté de toi au lit et à table, mais pour prendre ma part de tout ce qui peut t'arriver de bon ou de mauvais[1]. » Qu'on se souvienne des mots conservés par Sénèque, — lequel n'est pas suspect de partialité pour les femmes, — celui d'une autre Porcia : « Une femme heureuse et chaste ne se marie qu'une fois », *felix et pudica matrona numquam praeterquam semel nubit*, — ou celui de Valeria : « Pourquoi voulez-vous que je me remarie ? mon époux est toujours vivant pour moi », *sibi semper maritum uiuere*[2]. Qu'on se représente une Arria trouvant dans son amour conjugal la force de cacher à son mari la maladie et la mort de leur fils, ou une Fannia, sa petite-fille, suivant

1. Plut., *Brutus*, 13.
2. Sén., *De matrim*.

deux fois son époux en exil, et, après sa mort, se faisant exiler encore pour avoir trop éloquemment fait défendre sa mémoire[1]. Quand elles parlent ou qu'elles agissent ainsi, qu'elles le sachent ou non, ces femmes se conforment à la fois aux préceptes de la religion primitive de Rome et à ceux de ce qu'on pourrait appeler la religion stoïcienne. Ce serait d'ailleurs une erreur de croire que cette haute et noble idée du mariage soit le privilège de ceux qui adhèrent au stoïcisme *ex professo*. Une grande doctrine morale agit toujours, par le rayonnement de l'exemple, sur ceux qui ne sont pas ses partisans déclarés, voire même sur ceux qui la critiqent. Tacite, pour ne citer que lui, n'a pas été très enthousiaste des maximes stoïciennes, et pourtant il y a du stoïcisme, un stoïcisme diffus, dans sa façon de comprendre le mariage, comme dans beaucoup de ses opinions morales. On s'en aperçoit dans le peu qu'il nous dit sur la vie de famille de son beau-père Agricola; quelques détails, trop rares, nous font entrevoir une existence domestique pleine de calme et de dignité, qui s'accorde bien avec les prescriptions

1. Plin., *Epist.*, III, 16; VII, 19.

des sages comme avec les traditions de jadis[1]. C'est de cette manière que, tantôt sous un aspect héroïque, tantôt sous une forme plus paisible et en quelque sorte bourgeoise, la morale stoïcienne suscite des vertus familiales qui maintiennent, malgré la corruption ambiante, un niveau élevé de moralité dans les meilleures parties de la société romaine.

Il en est ainsi pendant les deux premiers siècles de l'empire. Puis viennent les progrès du christianisme, et ici nous entrons dans un domaine nouveau. Il est bien certain que la conception chrétienne du mariage, qui triomphe de plus en plus à la fin du IIIe siècle et au IVe, a ses origines ailleurs que dans les mœurs romaines. Elle a d'ailleurs des traits distinctifs d'une originalité indéniable : elle affirme, bien plus nettement que la religion latine ni la philosophie ne l'ont jamais fait, le caractère indélébile du pacte conjugal ; en outre elle le ramène à une sorte d'union, plus spirituelle, plus mystique que charnelle, dominée par la foi et par l'obéissance à la loi divine ; enfin, si parfaite et si sublime qu'elle veuille cette union, elle la regarde comme un état inférieur de la vie chré-

1. Tac., *Agric.*, 6.

tienne, et, bien au-dessus, elle place l'idéal de la virginité. Tout cela est fort étranger aux habitudes de Rome, et il semble que ce soit une autre histoire qui commence.

Pourtant, la rupture avec le passé n'a pas été aussi complète qu'elle le paraît, et elle ne pouvait pas l'être. Considérons, par exemple, la haute société de Rome vers la fin du IVe siècle, celle dans laquelle nous font pénétrer les lettres de saint Jérôme et de saint Paulin de Nole. Les patriciens et patriciennes qui la composent ont été le plus souvent élevés à la manière païenne, ou tout au moins mondaine, et les conversions les plus violentes n'arrachent jamais des habitudes longuement enracinées. Les docteurs qui les prêchent ont appris à écrire et à penser dans la pratique assidue des écrivains profanes. Dans leur famille même, sous leur toit, ils vivent à côté de gens qui sont restés païens : saint Jérôme ne nous parle-t-il pas d'une maison où le grand-père, prêtre de Jupiter, tient sur ses genoux une petite fille qui chante des hymnes chrétiens[1] ? De tous les côtés les mœurs d'autrefois entourent même les âmes qui se croient les plus renouvelées, et s'imposent à elles. Cette

1. Hier., *Epist.*, 107.

mainmise de l'antiquité sur la société chrétienne a été bien souvent démontrée, et si j'en parle ici, c'est qu'elle a eu, pour la question qui nous occupe, l'importance la plus décisive.

Il y a eu en effet, dans les premiers siècles de l'Eglise, une véritable « crise du mariage », mais non pas au sens où nous prenons ce terme, bien loin s'en faut ! Aujourd'hui, le mariage est attaqué parce que son austérité fait peur à notre relâchement voluptueux : alors, on le condamnait au contraire comme trop grossier en comparaison de la continence absolue. Nous le redoutons à cause des efforts qu'il exige ; on le méprisait à cause des concessions qu'il fait à l'instinct charnel. C'est au nom de ce principe qu'une infinité de sectes et d'auteurs lui ont fait la guerre : encratites et montanistes, Tatien et Tertullien. Au IVe siècle, Jérôme reprend une doctrine analogue avec sa verve puissante, prêche la chasteté et la retraite, s'appuie à la fois sur l'autorité des satiriques misogynes comme Théophraste et Sénèque et sur l'exemple des solitaires de la Thébaïde, dérobe au monde et à la famille le plus grand nombre possible de vierges et de veuves. Sa propagande passionnée fait dans les classes supérieures de

Rome des conquêtes retentissantes. On peut croire que la vieille institution du mariage va périr sous les coups de l'ascétisme nouveau.

Il n'en est rien, et c'est ici qu'éclate la forte vitalité des traditions latines. De toutes les sectes qui ont exagéré le rigorisme jusqu'à proscrire complètement l'union conjugale, les unes sont nées en Asie, les autres en Afrique; aucune n'a vu le jour à Rome, ni n'a pu s'y implanter. Jérôme a vécu longtemps en Orient avant de venir prôner ces idées devant la société aristocratique de Rome, où il rencontre du reste autant d'opposition que de succès. Dans ce grand débat qui remplit une bonne partie de l'histoire ecclésiastique du IVe siècle, si les docteurs les plus épris de perfection mystique s'abstiennent soigneusement de condamner le mariage, — Ambroise dans le *De uiduis* ou Augustin dans le *De bono coniugali*, — si Jérôme lui-même est obligé d'en reconnaître la légitimité dans sa polémique contre Jovinien, la cause en est dans la répugnance de Rome à accepter un idéal de perfection surhumaine, trop contraire à son génie pratique et positif. L'esprit romain admet que la religion victorieuse épure le mariage, l'ennoblisse, l'idéalise, mais non qu'elle le détruise, comme certains théoriciens de l'ascétisme paraissent le souhaiter.

De là résulte une sorte d'équilibre entre des tendances contraires. Pour bien s'en rendre compte, ce n'est pas à saint Jérôme qu'il faut s'adresser ; il est trop partial et trop ardent. Ce n'est pas non plus aux Ambroise et aux Augustin, qui sont surtout des théologiens. Un écrivain moins grand, plus docile par là même aux influences ambiantes, nous renseignera plus utilement. Paulin de Nole, dans ses poésies, a eu plus d'une fois l'occasion de parler du mariage chrétien. Il a célébré la femme de son ami Cytherius, « qui aide son mari à supporter les soucis, qui s'inquiète de sa foi, qui est comme la couronne de son pieux époux, et élève ses enfants dans la pureté[1] ». Il a même composé un épithalame[2], et l'idée est curieuse quand on songe à ce que ce mot représentait pour les Romains : mais c'est un épithalame pieux, dont le début suffit à rassurer les consciences apeurées : « Deux âmes unies se joignent d'un chaste amour : ô Dieu, conduis ces colombes dociles à ton frein, guide leur cou soumis à ton joug

1. Paul., *Carm.*, 24.
2. Paul., *Carm.*, 25.

léger. » Paulin, dans cet épithalame, fait un peu ce qu'avait fait Lucain dans le passage de la *Pharsale* consacré à l'hymen de Caton et de Marcia : il oppose la simplicité du mariage nouveau aux pompes et aux joies désordonnées du mariage païen. Il ne veut pas de foule bruyante, pas de feuillage répandu sur le seuil, pas de parfums, pas de présents luxueux, pas de robe brodée, pas de savante architecture capillaire. Bref, il écarte tout ce qui flatte les goûts mondains et risque de rappeler les rites du paganisme. Mais il laisse subsister les sentiments essentiels, l'affection réciproque et l'espoir de fonder une famille. Il transpose plus qu'il ne supprime. Son poème est l'équivalent chrétien de la prière que prononçait jadis l'*auspex nuptiarum* ; et, de même qu'on invoquait Junon *Pronuba*, il met le jeune couple sous la protection de Jésus *Pronubus*, attestant par ce détail ce qu'il y a tout ensemble d'ancien et de nouveau dans l'union qu'il salue.

En somme, à travers tous les changements de mœurs, de cultes, d'institutions, il y a quelque chose qui s'est toujours maintenu : c'est la croyance à la gravité, à la dignité, à la noblesse du mariage, à son utilité morale et sociale, à la puissance et à la pérennité des liens qu'il crée. Cette croyance est confusément traduite par les cérémonies en usage dans la Rome primitive; elle est compromise, entamée dangereusement par l'anarchie morale qui succède aux grandes conquêtes; mais les éléments les plus sains de la société en conservent le dépôt ; la législation impériale essaie de la restaurer ; le stoïcisme la revivifie ; le christianisme l'accueille dans ce qu'elle a de conforme à ses propres principes, et par lui elle se transmet jusqu'au monde moderne, — où il est permis d'espérer qu'elle n'a pas encore épuisé son efficacité bienfaisante.

EXPLORATION ARCHÉOLOGIQUE
A TOURFAN

PAR

VON LE COQ

I

La région connue aujourd'hui sous le nom de Turkistan oriental (ou chinois) forme une immense vallée, bornée de presque tous les côtés par des montagnes d'une très grande hauteur, à savoir : le T'ien-chan dans le Nord et dans le Nord-Ouest, le Pamir dans l'Ouest, les immenses chaînes du Kara-Korum dans le Sud-Ouest, et le Kouen-louen dans le Sud. Ainsi le pays n'est ouvert que dans la direction de l'Est ; mais, de ce côté-là, d'effroyables déserts offrent au voyageur autant de difficultés que les hautes passes des montagnes qui, par ailleurs, l'environnent. La plus grande partie de cette vallée est aujourd'hui inhabitable et consiste en des déserts de sables mouvants ; dans le voisinage des rivières on trouve la jungle de tamaris et de peupliers, et au pied de la montagne s'étale l'immense désert pierreux. La rivière qui amène la vie dans les oasis de lœss, situées surtout dans le Sud-Ouest, dans l'Ouest et dans le Nord, est le Tarim avec ses affluents ; ces oasis sont séparées l'une de l'autre par des déserts plus ou moins étendus ; elles ne subsistent que par l'irrigation artificielle dont les habitants d'autrefois, comme ceux d'aujourd'hui, ont toujours su tirer fort avantageusement parti.

La population de ce pays, apparemment si inaccessible, a pourtant toujours été assez hétérogène. Selon les vieux annalistes de la Chine, elle ne comptait pas moins de trois races différentes vers le IIe siècle environ avant J.-C. Il y avait alors, le long du Tarim, paraît-il, nombre de petits Etats « possédant des villes » dont les habitants avaient déjà fait d'assez importants progrès dans la civilisation. J'assignerais volontiers cette race de citadins à une souche iranienne et je leur donnerais le nom de Soghdiens. Dans le Sud-Est du Turkistan, aux environs de Cha-tcheou et de Touen-houang, oasis beaucoup plus vastes et plus fertiles alors qu'à présent, il existait une population nomade, rudes archers et pâtres, connue des Chinois sous le nom de Yue-tche, tandis que d'autres nomades, nommés les Sak, occupaient les vallées septentrionales du T'ien-chan.

Vers la fin du IIIe siècle avant J.-C., commença une forte migration des peuples turco-mongols ; une grande tribu turque, les Hiong-nou, attaquèrent les Yue-tche et les vainquirent. Une partie de ces derniers se réfugia chez les Tibétains, tandis que d'autres se soumirent aux Hiong-nou. La plupart cependant des tribus Yue-tche quittèrent leurs pâturages, attaquèrent les Sak et occupèrent leur territoire après les avoir chassés vers l'Ouest. Peu de temps après, les Yue-tche furent attaqués de nouveau par les Hiong-nou et leurs alliés, les Wou-souen, et forcés de suivre les Sak. En poussant ces derniers devant eux, ils entrèrent dans la Transoxiane et finalement dans la Bactriane, où ils détruisirent, vers 126 avant J.-C., l'empire grec et fondèrent le célèbre royaume des Indoscythes. Quant aux Sak, ils paraissent avoir formé des Etats dans l'Ouest et dans le Sud-Ouest du Turkistan et dans les pays avoisinants à l'Ouest, jusqu'à ce que, peut-être, ils se confondirent avec les Yue-tche.

Selon Ptolémée, le pays dans l'Est de la Sogdiane était occupé par les Sakai, que nous identifions avec les Sak des Chinois. Quant à la région qui nous occupe, Ptolémée l'appelle *Scythia ultra Imaum*. Il paraît avoir eu raison d'appliquer le nom de Scythie à ce pays ; du moins un point essentiel, démontré par nos fouilles, me semble être la confirmation de la thèse du grand géographe, à savoir, la présence d'une population scythe dans ces parages. Nous avons trouvé un grand nombre de textes bouddhiques en écriture brâhmî et dans un langage identifié comme celui des Indoscythes, dans les ruines de Koutcha, à Karachar et dans l'oasis de Tourfan. L'étude de ces écritures par MM. Sieg et Siegling a démontré le fait étonnant que ce langage appartient non au groupe indo-iranien, mais au groupe européen des langues indo-germaniques. Or, les Yue-tche étant assurément le même peuple que les Grecs appelaient Indoscythes, nous trouvons avec surprise une race européenne dans la Chine occidentale au IIe siècle avant J.-C. Cela doit nous expliquer, non seulement l'affirmation fortement contestée des annalistes chinois, qu'il y avait des gens aux cheveux roux et aux yeux bleus dans ces régions, mais aussi la présence de portraits de ces gens dans nos peintures, et cela nous explique encore aujourd'hui l'aspect quasi-européen d'une foule d'hommes à Koutcha et à Khotan ; c'est cette observation qui a amené MM. Shaw, Grenard et Stein à des conclusions confirmées depuis, à savoir, qu'il y a un fort mélange de sang indo-européen dans les veines des habitants actuels de ce pays.

Nous ne pouvons pas encore fixer avec quelque certitude les affinités ethniques des Sak ; ils appartenaient, je pense, au groupe iranien. L'on devra les chercher surtout dans la province archéologique du Dr Stein, à savoir, dans les environs de Khotan. Je ne puis me refuser à exprimer ici ma conviction que les textes écrits dans l'écriture dite « Gupta septentrionale », et dans un langage inconnu, nous révéleront quelque jour le secret de la langue perdue des Sak. Nous n'avons trouvé que très peu de manuscrits de ce type, tandis que le Dr Stein en a trouvé une quantité ; en revanche il n'a trouvé, paraît-il, que peu de traces du langage indoscythe. La présence de ces Scythes dans ces pays me semble encore rendre compte du teint blanc et de la beauté physique des soi-disant Turcs de l'Asie centrale, tant vantée par les poètes arabes du temps des Abbassides : ces Turcs étaient simplement des indo-européens turquisés, et le progrès fait dans les arts en Egypte, par exemple sous Touloun et Beibars, tous deux Turcs de naissance, s'expliquerait également par le fait que ces Turcs n'étaient point des barbares, mais plutôt les héritiers de l'art dont nous avons retrouvé les vestiges.

Examinons un moment l'origine de l'art remarquable que nous avons partout rencontré dans cet étonnant pays : dans le coin extrême du Nord-Ouest de l'Inde, dans le pays du Gandhâra, les conquérants grecs avaient apporté leur art, qui fut employé peu à peu par les habitants bouddhistes pour la création de types appartenant à leur mythologie. Ainsi le type classique de Jupiter servit de modèle pour le brahmane, Apollon (ou Dionysos) devint le Buddha lui-même ; et il faut avouer que, tandis que l'on suivait plus ou moins exactement la tradition grecque en ce qui concerne la composition et la draperie, les artistes bouddhistes réussirent à inspirer à leurs chefs-d'œuvre un sentiment sublime qui n'appartient qu'à eux seuls. C'est ainsi que naquit l'art bouddhique du Gandhâra. Le voisinage de la Perse se fait d'ailleurs remarquer dans cet art par des éléments d'architecture et autres propres à ce pays. Avec la religion du Buddha, ce nouvel art fut propagé, grâce au patronage des puissants rois indoscythes, dans le Turkistan, d'où il pénétra en Chine, en Corée et finalement au Japon, où il constitue le fondement de l'art religieux et est pratiqué jusqu'à nos jours.

Revenons à l'histoire politique ancienne des lieux qui nous occupent. A partir du Ier siècle de notre ère, les suzerains du pays, les Hiong-nou, disparaissent graduellement des annales chinoises : leur puissance s'écroula devant la Chine, et, laissant des tribus peu importantes derrière eux, ils se retirèrent dans les pays d'Occident où leurs descendants se rendirent formidables sous le nom de Huns. Deux des tribus abandonnées parvinrent plus tard à acquérir de la gloire, l'une dans l'Altaï, sous la dénomination de T'ou-kiue, l'autre dans la Mongolie et le Turkistan moderne, sous celle de Ouigours, illustre dans l'histoire de l'Asie centrale.

La domination des Turcs Hiong-nou ne semble

pas avoir influencé sérieusement les races sujettes de la partie occidentale du bassin du Tarim ; d'après les résultats de notre troisième expédition, il faut se figurer, aux IVe et Ve siècles, les habitants du pays de Koutcha, par exemple, comme un peuple bouddhiste possédant une civilisation sassano-persane. Il en résulte que, dans ces régions, l'art gandhârien était exposé de nouveau à des influences persanes, et l'on ne saurait davantage douter que la religion bouddhique y eût reçu, elle aussi, des inspirations iraniennes. La civilisation que nous trouvons à Koutcha et à Karachar forme aussi la couche la plus ancienne dans l'oasis de Tourfan et probablement même à Ha-mi (Komoul), mais dans ces dernières régions elle est cachée et presque effacée par un développement moins ancien, à savoir, la civilisation et l'art des Ouigours.

Ces Ouigours, dont l'origine remonte aux anciens Hiong-nou, devinrent puissants vers la fin du VIIe siècle ; une de leurs capitales est la ville de Kao-tch'ang, Khotcho ou Idiqout-chahri, près de Tourfan. Il paraît que c'était une race mixte, composée d'éléments scythes, iraniens et turcs ; leur langage était un dialecte turc se rapprochant de celui des T'ou-kiue. Ils formèrent la première tribu turque qui soit parvenue à un haut degré de culture. La plupart d'entre eux étaient des Bouddhistes, mais il y avait aussi nombre de Manichéens et de Chrétiens nestoriens.

II

Mon expédition a été la seconde qui ait été envoyée d'Allemagne au Turkistan ; la première, sous Grünwedel, visita l'oasis de Tourfan et le voisinage de Koutcha en 1902-1903 ; la mienne a duré du 12 septembre 1904 jusqu'au 1er décembre 1905, où je me joignis à la troisième expédition sous Grünwedel, avec qui j'ai travaillé jusqu'en juillet 1906. Au mois de janvier 1907, je suis revenu en Europe en passant par l'Inde, tandis que les autres membres de l'expédition ont regagné l'Europe en mai de la même année. Les fonds nécessaires à ces deux expéditions ont été fournis par le Gouvernement, grâce à l'intervention de notre regretté ami Richard Pischel ; l'Empereur y a ajouté la somme de 32.000 marks, et cette somme, jointe à 10.000 autres marks du fonds gouvernemental, a été le coût réel de mon voyage.

Mon excellent compagnon de voyage, M. Bartus, et moi, quittâmes Berlin au commencement de septembre 1904 ; nous prîmes le chemin de fer sibérien jusqu'à Omsk ; de là nous poursuivîmes notre route par l'Irtysch jusqu'à Semipalatinsk. De cette ville il y a douze jours en diligence jusqu'à la frontière chinoise ; nous en mîmes huit, voyageant souvent nuit et jour en tarantass. Arrivés à Tchougoutchak, nous organisâmes notre caravane et., par une route affreuse, nous atteignîmes Ouroumtchi en seize jours. D'Ouroumtchi, il nous fallut encore cinq jours pour arriver à Karakhodja près de Tourfan, situé dans le voisinage immédiat de l'une des anciennes capitales ouigoures, Kaotch'ang ou Khotcho.

Le 18 novembre, nous y prîmes notre demeure dans le seraï du fermier Saut, bâti directement contre l'enceinte de l'ancienne ville, et où nous étions appelés à séjourner près de neuf mois. Cette enceinte énorme, d'une surface d'un mille carré anglais, est encore en assez bon état. Elle a une hauteur moyenne d'environ 20 mètres, et, à l'instar des nombreuses ruines de temples de la ville, elle est construite en briques crues sur une sorte de plate-forme ou base de lœss battu.

Le premier édifice qui attire les regards est une espèce de pyramide à trois étages et de dimensions énormes. Elle mesure à peu près 25 mètres à la base ; chacune des trois terrasses montre six niches jadis occupées par des figures du Buddha, richement peintes et dorées. Cet édifice se trouve dans le voisinage de la grande porte de l'Est et était probablement le mausolée d'un roi ou d'un grand personnage religieux bouddhiste. Tout près de là, vers l'Ouest, on rencontre les ruines d'un grand monastère encore reconnaissable à ses rangées de cellules ; des inscriptions en écriture syriaque sur les murs, et des fragments de manuscrits syriaques et soghdiens, trouvés dans ces ruines, nous apprirent que nous nous trouvions en présence d'un monastère chrétien-nestorien.

Plus au Sud, sur une petite colline de lœss, se dresse un groupe de ruines remarquables par leurs voûtes élevées et étroites et leurs appartements carrés, jadis surmontés de coupoles. L'architecture de ces ruines rappelle celle des édifices sassanides de Sarvistān et de Farrāšābād.

A peu près dans le centre de la ville, nous avons rencontré une quantité de ruines que je décrirais comme un système de trois énormes pièces rectangulaires, entourées d'appartements voûtés. C'est le groupe K du plan de Grünwedel. Sur la muraille occidentale de la salle septentrionale, se trouvait caché, derrière un mur plus récent, le portrait d'un ecclésiastique manichéen, revêtu de ses robes sacerdotales et entouré de son clergé habillé de blanc. Malheureusement la peinture, qui est en couleur à l'eau, a beaucoup souffert avec le temps. Des inscriptions en caractères ouigoures et manichéens, tracées sur la poitrine des religieux inférieurs, nous en donnent les noms iraniens ; ces portraits sont beaucoup plus petits que celui du grand prêtre, que nous croyons être une représentation de Manès lui-même, l'auréole étant composée du soleil entouré de la lune. C'est la seule grande peinture murale manichéenne qui ait été trouvée, et, par suite, quoique en très mauvais état, elle est peut-être la pièce la plus intéressante de ma collection.

Nous concluons de ces trouvailles que, dans cette ancienne capitale des Ouigours, des ecclésiastiques bouddhistes, manichéens et chrétiens vivaient paisiblement ensemble, ce qui démontre la force et la tolérance du gouvernement.

Les Manichéens jouissaient peut-être de la plus grande considération, car nous savons que la maison princière avait adopté cette croyance.

Les Chinois ont toujours été opposés à la propagande, dans leur pays, des religions étrangères, pour des raisons politiques et économiques, et je crois que, vers la fin de l'époque des T'ang, ils ont essayé de se débarrasser aussi des sectes qui leur déplaisaient à Kao-tch'ang. Nous avons retrouvé des traces de ces persécutions, car l'un des grands appartements à coupole détruite du groupe K était rempli de cadavres momifiés, encore revêtus de leurs robes et entassés dans le désordre le plus effroyable. La rage des destructeurs se tourna surtout, paraît-il, contre les Bouddhistes, car tandis que nous avons rencontré en cet endroit quelques manuscrits manichéens en assez bon état, les textes bouddhiques avaient été déchirés en tout petits morceaux, dont on aurait pu emporter des centaines de kilogrammes, tant ces débris étaient nombreux.

Nous avons trouvé cependant à Kao-tch'ang des statuettes bouddhiques en bronze et en bois, des peintures votives, manichéennes et bouddhiques, des têtes de Bodhisattva en argile, des bases de colonnes sculptées en bois, des fragments de boiseries dans le style du Gandhâra, des pièces de monnaie chinoises (surtout de la période K'ai-yuan) et des monnaies iraniennes et inconnues ; puis encore des souliers et des bonnets, des étoffes de tous genres et de la poterie. Nous y avons pris aussi quelques peintures murales. Tout compte fait, les résultats des fouilles de Kao-tch'ang ont donc été assez maigres, si l'on considère que nous avons travaillé de cinq heures du matin à six heures du soir, pendant une période de trois mois.

En février 1905, le froid jusqu'alors très rigoureux se tempéra ; nous commençâmes donc à exploiter les collines situées au Nord de la ville, où le défilé de Sängim (Sängim-aghiz) et les ruines voisines du village de Mourtouq promettaient plus de succès.

Le défilé de Sängim est une gorge étroite et sombre ; du côté Ouest, une petite, mais turbulente rivière s'élance dans un profond ravin, tandis que le chemin, qui passe au pied des montagnes du côté Est, est souvent menacé par des avalanches de pierre ou de gravier. En dépit de cet aspect menaçant, la vallée compte un grand nombre de monastères et de temples, construits en briques ou taillés dans les flancs de la montagne ; sur les sommets de la chaîne occidentale des collines environnantes se dressent quelques *stûpa*, qui augmentent la singularité du tableau. Dans plusieurs de ces monastères nous trouvâmes successivement plusieurs bibliothèques contenant des manuscrits, surtout en caractères ouigour et brâhmî, de même que des têtes de Bodhisattva en argile, trahissant des rapports avec l'art antique. Mais, comme la saison s'avançait, les ouragans de sable, sévissant tous les jours, ont beaucoup retardé nos travaux et nos recherches.

Ayant passé par le défilé de Sängim, on arrive par des sentiers peu confortables au grand monastère de Bäzäklik, près de Mourtouq. Ce grand établissement est situé sur une terrasse escarpée dans une sinuosité de la rivière, qui le dérobe aux regards des passants ; derrière les édifices s'élève une seconde terrasse ; le tout est couronné d'une colline de sable blanc. Ici les moines ont creusé des douzaines de caves dans les falaises de pierre tendre, et tandis que la plupart de ces caves donnent sur la terrasse principale, les entrées de beaucoup d'entre elles se trouvent dans la face perpendiculaire de la seconde terrasse. Autrefois elles étaient munies de galeries en bois aujourd'hui disparues.

Sur la terrasse principale, nous trouvâmes plusieurs temples complètement ensevelis sous d'énormes masses de sable gris, et dans les corridors d'un de ces temples, nous découvrîmes une série de peintures remarquables et très bien conservées. Dans les entrées assez étroites des corridors, se trouvaient les portraits, en grandeur naturelle, de religieux bouddhistes ; une petite tablette blanche au-dessus de la tête de chacun d'eux en portait le nom. A la suite de ces peintures, les parois à droite et à gauche du corridor sont couvertes de Buddhas énormes, chacun avec sa suite composée de Bodhisattvas, de Vajrapâni, de religieux et d'adorateurs. Les parois extérieures nous représentent trois de ces tableaux ; les parois intérieures sont plus étroites et n'en contiennent que deux. Les grandes parois mesurent 9 mètres de longueur sur 3m 50 de hauteur. La plupart des visages sont peints d'une façon conventionnelle, peut-être même avec des poncifs. Quelques-uns pourtant ne montrent pas ce style de convention, et donnent l'impression d'être de véritables portraits. Parmi ces derniers, on peut distinguer deux types, dont le premier représente des gens au nez aquilin, à la barbe forte et noire et aux yeux noirs et verts : ces gens me paraissent être des Iraniens, d'autant que l'un d'entre eux porte un bonnet en ailes d'aigle que nous savons être sassanide ; le second type nous montre des gens à chevelure rousse, aux yeux bleus ou verts, et aux traits européens : je dirai que c'est le type de nos Scythes. La cella du temple n'était remplie de sable que jusqu'à mi-hauteur ; en conséquence, les peintures non protégées par ses couches avaient disparu. Cependant, il était encore possible de reconnaître les sujets représentés. Il y avait la peinture d'un énorme Avalokiteçvara sur le mur opposé à la porte ; à droite se trouvait une scène mythologique où des garuda succombaient dans une lutte contre des démons et des hommes ; les murs auprès de la porte étaient couverts de peintures d'hommes et de femmes : c'étaient probablement les princes fondateurs ou patrons du temple.

La date de cet édifice doit être du IXe siècle, selon F. W. K. Müller.

Il fallut plus d'un mois de travail ardu pour

enlever ces peintures : les murs ont été entièrement démolis. Après la découverte d'un groupe de temples très anciens à Tchiqqan Köl (à 10 kilomètres de Mourtouq), où nous trouvâmes des peintures archaïques indiennes, nous nous décidâmes à visiter le petit village de Toyoq, situé à 15 kilomètres à l'Est de Kaotch'ang. Il est situé dans une vallée étroite et courte, coupée par les eaux d'une petite rivière roulant dans une chaîne aride de rochers escarpés. En quittant cette fissure, l'eau se répand dans la plaine par des milliers de canaux jusqu'à ce qu'elle aille se perdre dans les sables. L'activité des habitants a réussi cependant à créer un immense vignoble sur le terrain arrosé par ces eaux.

Toyoq est un endroit très saint, car il y existe une cave des « Sept Frères Dormants ». Cette cave est un ancien temple bouddhique, mais le sanctuaire a été réclamé par l'Islam et a procuré à Toyoq une grande célébrité comme lieu de pèlerinage. Pendant que j'y travaillais, des Indiens et des Arabes sont venus s'y prosterner. Les rochers environnant cette ravissante vallée verdoyante montrent partout les portes d'anciens temples (la plupart avaient été déjà pillés par les habitants) et à l'extrémité septentrionale de la vallée, il y a, sur les hautes terrasses des deux bords de la rivière, les ruines de deux très grands monastères bouddhiques. Comme à Mourtouq, un système de caves est combiné avec des édifices en briques. Les peintures dans l'un de ces temples sont d'un style indien semblable à celui de Tchiqqan Köl : malheureusement elles étaient très endommagées.

C'est dans un temple du groupe Est que j'ai eu le plus de chance ; j'y ai trouvé un nombre énorme de textes bouddhiques chinois, dont quelques-uns dataient du VIIe siècle. Mais parmi ces liasses de beaux manuscrits chinois, j'ai trouvé encore quelques feuilles d'un *pothi* ou livre indien, en écriture inconnue, mais dérivée peut-être de la *kharoṣṭhi*, des fragments de manuscrits gupta sur écorce de bouleau et feuilles de palmier, et nombre de manuscrits en diverses écritures indiennes. Il y avait aussi des fragments en une écriture sémitique encore inconnue (identifiée depuis comme l'écriture des Hephtalites), quelques manuscrits en « runes » turques, des écritures soghdiennes, des fragments manichéens en turc et en persan, des manuscrits ouigours en quatre sortes d'écritures, des fragments syriaques et brâhmî et quelques fragments en caractères tibétains, reconnus par F. W. K. Müller pour être du turc. Nous trouvâmes en outre, mêlés aux papiers, des broderies manichéennes et bouddhiques, des miniatures sur soie et sur papier, et un charmant reliquaire bouddhique en bois tourné et peint.

D'autres fouilles, dans une ruine au Nord de Tourfan et près du village de Boulayiq, nous rapportèrent un grand nombre de textes syriaques chrétiens, de même que des manuscrits écrits en divers caractères et dans la langue des Soghdiens, perdue jusqu'alors. Il a été réservé au professeur F. W. K. Müller d'en reconnaître les caractères et de traduire quelques-uns de ces manuscrits remarquables. Il faut encore mentionner un petit livre dans l'écriture pahlavi du Ve siècle, telle qu'on la trouve sur les monnaies.

Après ces découvertes, j'ai essayé de faire faire, au mois de juillet, des excavations dans le monastère de Hasa-chahri, situé à une journée à l'ouest de Louk-tchoun. Ce monastère se trouve enseveli dans les sables d'un désert sans eau. J'avais établi un service de porteurs d'eau, mais comme il n'était pas possible d'en apporter assez, et comme les bouranes ou ouragans de sable devenaient intolérables, le mécontentement de nos ouvriers ne tarda pas à nous chasser de ces lieux.

Cependant, la chaleur dans la dépression de Tourfan devenant insupportable, je conçus l'idée de gagner Komoul-Hami et d'en examiner les ruines. Les soi-disant chemins mènent à travers des déserts affreux, n'ayant que peu de puits, dont quelques-uns ne contiennent que de l'eau saumâtre. La chaleur nous obligeait à voyager pendant la nuit et nous dormions pendant les heures suffocantes de la journée. Sans l'amitié des « wang » ou princes tributaires turcs de Komoul et de Louk-tchoun, qui eurent l'obligeance de nous envoyer d'avance des fruits et des provisions aux stations les moins bien approvisionnées, nous aurions souffert encore bien davantage.

Arrivés à Komoul, le Wang Shah Maqsoud nous reçut d'une façon très honorable et nous logea dans un de ses jardins. Tous les jours on nous fournit un grand nombre de moutons gras et du riz à discrétion, au plus grand plaisir des ouvriers que nous avions amenés de Kao-tch'ang ; quant à Bartus et à moi, nous ne pouvions plus guère supporter l'odeur d'ailleurs très pénétrante de ce mets.

Les ruines situées à quelques lieues au Nord de la ville, sont fort intéressantes ; elles sont bâties en un style quasi indien, et le grand escalier qui y conduit leur a valu le nom de Aratam ou « muraille au milieu ». Malheureusement, ce pays est exposé à des pluies très fréquentes (chose qui manque presque entièrement à Tourfan) et pour cette raison nous n'y trouvâmes rien du tout.

J'avais alors reçu des renseignements sur les ruines de Touenhouang, où j'étais sur le point de me rendre, quand m'arriva subitement un télégramme m'annonçant que le professeur Grünwedel avait décidé d'aller une seconde fois au Turkistan, et qu'il serait à Kachgar en octobre. Comme j'avais reçu auparavant l'ordre d'aller à sa rencontre, je me vis dans l'obligation de renoncer à toute entreprise nouvelle ; je fis donc seller les chevaux sans retard et me rendis à Kachgar, situé à une distance de 2.000 kilomètres environ, que je mis 44 jours à couvrir. En parcourant à cheval le pays d'un coin à l'autre, avec mon compagnon Mämäsit, mîr-âb de Kara-Khodja, je recueillis beaucoup d'informations qui nous furent d'une grande utilité par la suite.

A Kachgar, j'eus la bonne fortune d'être reçu dans la famille de M. G. Macartney, « political agent » du Gouvernement de l'Inde anglaise, et je ne pourrai jamais oublier les soins touchants dont j'ai été l'objet durant mon séjour sous ce toit hospitalier.

Lorsque Grünwedel arriva, je l'accompagnai encore à Koutcha et à Kara-chahr, où nos efforts furent couronnés du plus brillant succès. Mais, ma santé étant ébranlée, je me vis forcé de quitter le professeur en juillet 1906. Je me rendis seul à Kachgar, et, les troubles en Russie ayant fermé la route, je passai aux Indes par le Kara-Korum et le Tibet occidental, d'où j'atteignis les Indes et finalement l'Europe en janvier 1907.

TABLE DES MATIÈRES

DU TOME XXXV

PAGES

Chalon-s.-Saône. - Imprimerie Française et Orientale, E. BERTRAND 614

www.ingramcontent.com/pod-product-compliance
Ingram Content Group UK Ltd.
Pitfield, Milton Keynes, MK11 3LW, UK
UKHW020106200726
13856UKWH00002B/404